Stephan Seidel

Moderne Gesprächstherapie

Bibliografische Information der Deutschen Nationalbibliothek

Die Deutsche Nationalbibliothek verzeichnet diese Publikation in der Deutschen Nationalbibliografie; detaillierte bibliografische Daten sind im Internet über dnb.d-nb.de abrufbar.

© 2017 Dr. Stephan Seidel

Umschlaggestaltung: Dr. Stephan Seidel mithilfe von BodEasyCover

Das Titelfoto zeigt **Albert Steffen** und wurde dem Autor mit freundlicher Genehmigung zur Buchveröffentlichung von der **Albert-Steffen-Stiftung/ Dornach (Schweiz)** zur Verfügung gestellt, die auch das Copyright dafür besitzt (**www.steffen-stiftung.ch**)

Herstellung und Verlag: BoD – Books on Demand, Norderstedt.

ISBN: 9783743182394

Widmung

Für meine Mutter

Motto

Ungeist kann nicht Ungeist erkennen.
Nur Geist kann den Ungeist erkennen,
nur Moral die Unmoral.

Nur Geist kann auf den Ungeist wirken,
nur Moral das Unmoralische wandeln,
nur Heilendes das Kranke genesen lassen.

Immer kann nur ein höheres Prinzip ein niederes wandeln.

Du kannst nicht durch bloße Gymnastik deine physischen Schäden reparieren.

Du kannst nicht deine seelischen Störungen nur durch Gefühle wieder gut machen.

Geistige Impulse aber werden es können.

(Paul Bühler)

Inhaltsverzeichnis

1. WARUM DIE WELT SO IST WIE SIE IST ... 8
- 1.1 Was weiß und was glaube ich? ... 8
- 1.2 Sehe ich die Welt, wie sie wirklich ist? ... 9
- 1.3 Ist der Mensch frei? ... 12
- 1.4 Sieh mit Geistes-Augen! ... 17
- 1.5 Erkenne und du wirst frei sein! ... 23
- 1.6 Liebe das Böse gut! ... 29

2. LEITMOTIVE DER THERAPEUTISCHEN DICHTUNG ... 33
- 2.1 Wer bin ich? Was will ich? ... 33
- 2.2 Der therapeutische Dichter – Teil 1 ... 36

3. DIE KUNST DER THERAPEUTISCHEN DICHTUNG ... 45
- 3.1 Denken, Fühlen, Wollen – 3 Bereiche der Seele ... 45
- 3.2 Der therapeutische Dichter – Teil 2 ... 50
- 3.3 Der Sinn des Lebens ... 55
- 3.4 Schuld, Reue, Vergebung ... 62

4. LEBENSFRAGEN DER THERAPEUTISCHEN DICHTUNG ... 69
- 4.1 Woran soll und kann der Mensch noch glauben? ... 72
- 4.2 Lebt der Mensch nur einmal? – Teil 1 ... 76
- 4.3 Das Erwachen des Ich – Teil 1 ... 79
- 4.4 Lebt der Mensch nur einmal? – Teil 2 ... 81
- 4.5 Das Erwachen des Ich – Teil 2 ... 85
- 4.6 Warum kann der Mensch böse sein? ... 87
- 4.7 Liebe deinen Nächsten wie dich selbst! ... 90

5. ZUSAMMENFASSUNG ... 96

6. AUSBLICK: THERAPEUTISCHE DICHTUNG ... 102
- 6.1 Theorie und Praxis ... 102
- 6.2 Paul Bühler und die Therapeutische Dichtung ... 105

7. LITERATURVERZEICHNIS ... 109

Vorwort

Das vorliegende Buch stellt eine überarbeitete Fassung meiner Magisterarbeit dar, in deren Mittelpunkt Goethes und universitär erstmalig Albert Steffens (einstmals ein ebenso bekannter Dichter wie Hermann Hesse) pädagogisch-therapeutische Alterswerke standen. Ich versuchte darin zu zeigen, wie Dichtung über die bloße Unterhaltung oder Belehrung hinausgehen und eine heilende Komponente zu entfalten vermag.

Als therapeutische Dichtung steht und wirkt sie für sich selbst, kann aber ebenso von einem Therapeuten als Grundlage einer Gesprächstherapie eingesetzt werden. Wie hat man sich dieses konkret vorzustellen? Es sind hier vielfältige Anwendungsbereiche denkbar, intrinsisch wie auch extrinsisch orientiert.

Therapeutische Dichtung in der Selbstanwendung kann den Therapeuten aufgeschlossener, empathischer werden lassen für die Themen seiner Klienten. Es ist dies nicht in einer reinen Nützlichkeitsanalyse darstellbar, sondern indem der Therapeut an sich selbst arbeitet, tritt er auch seinen Klienten in neuer, verwandelter Form gegenüber. Die Vielfältigkeit der therapeutischen Dichtung eröffnet hier ein breites Spektrum.

Bei der Anwendung für den Patienten sind der Kreativität des Therapeuten keine Grenzen gesetzt: Er kann ihm ein Buch als Lektüre empfehlen, das thematisch passt, aber genauso gut eine Passage als Einstieg oder Abschluss für ein Gespräch wählen; er kann eine Passage vorlesen und dann in klassischer Therapieform den Patienten die eigene Gefühlswelt ungefährdet erleben lassen. Das würde man sich so vorstellen, dass der Patient Einwände erheben kann an bestimmten Stellen des Textes, die ihn in irgendeiner Form berühren oder ansprechen. Es wäre denkbar zu fragen, wo der Text aus Sicht des Patienten geändert werden sollte und wenn ja – warum? Manchmal genügt auch ein Text, um im Sinne einer Vorbildfunktion dem Patienten einen anderen Blickwinkel zu ermöglichen.

Das vorliegende Buch ist Arbeits- und Lehrbuch. Arbeitsbuch, indem der Leser erfährt, was es bedeutet, therapeutische Dichtung konkret anzuwenden. Und Lehrbuch, indem an zwei klassischen Werken beispielhaft gezeigt wird, welche thematischen und pädagogisch-therapeutischen Anwendungsmöglichkeiten darin enthalten sind.

Dergestalt bildet es die Grundlage für eine moderne Gesprächstherapie.

1. Warum die Welt so ist wie sie ist

Im Folgenden soll keine Geschichte der Philosophie gezeichnet, sondern die erkenntnistheoretische Grundlage der Therapeutischen Dichtung gegeben werden. Wer glaubt, dass er auf diese Darstellung verzichten kann, weil sie ihm zu theoretisch und der Vorzug der Praxis zu geben ist, möge dieses Kapitel überspringen.

1.1 Was weiß und was glaube ich?

Die Philosophie in Deutschland vor der Aufklärung ist im Wesentlichen durch Gottfried Wilhelm Leibniz (1646-1716) und Christian Wolff (1679-1754) geprägt. Leibniz entwickelt die so genannte „Monadenlehre", in der er behauptet, die Menschenseele sei eine Art selbstständiges, belebtes Wesen, das nicht entsteht und nicht vergeht. Die Monade erlebt nur das, was in ihr ist –, das Außen, die Natur, ist nur ein Scheinbild, hinter dem die wahre Welt liegt, wo Gott existiert, der als höchste Monade alle anderen Monaden in eine harmonische Wechselwirkung bringt. Das erkenntnistheoretische Resultat dieser Vorstellung ist: An Selbsterkenntnis ist nicht zu denken, es muss dem Menschen genügen, ein Glied der göttlichen Ordnung und Substanz zu sein. Damit steckt in dieser Lehre jedoch nichts Neues; Leibniz verwendet die alten religiösen Vorstellungen von Gott, Seele und Unsterblichkeit, die er nachträglich als scheinbar von der Vernunft bewiesene Wahrheiten ausgibt.

Ähnlich verhält es sich mit Christian Wolff: Er unterscheidet sinnliche Wahrheiten, die durch Beobachtung gewonnen werden, von höheren Erkenntnissen, welche die Vernunft aus sich selbst schöpft. Auch bei Wolff stellt sich heraus, dass jene höheren „Erkenntnisse" im Grunde genommen nichts Anderes als die tradierten religiösen Offenbarungswahrheiten sind.

Mit diesen „philosophischen" Konzepten seiner Zeit sah sich der Philosoph Immanuel Kant konfrontiert.

1.2 Sehe ich die Welt, wie sie wirklich ist?

> Aufklärung ist der Ausgang des Menschen aus seiner selbst verschuldeten Unmündigkeit. Unmündigkeit ist das Unvermögen, sich seines Verstandes ohne Leitung eines anderen zu bedienen. Selbstverschuldet ist diese Unmündigkeit, wenn die Ursache derselben nicht am Mangel des Verstandes, sondern der Entschließung und des Mutes liegt, sich seiner ohne Leitung eines anderen zu bedienen. Sapere aude! Habe Mut, dich deines eigenen Verstandes zu bedienen! ist also der Wahlspruch der Aufklärung. (1977, Bd. 6, 53)

Diese Worte Immanuel Kants (1724-1804) stammen aus seinem Aufsatz „Beantwortung der Frage: Was ist Aufklärung?" (1783), mit denen er das Unternehmen einleitete, die Vernunft einer kritischen Prüfung zu unterziehen, um so etwas über die Beweiskraft der Begriffe aussagen zu können.
Kant stützte sich dabei auf die Überlegungen John Lockes (1632-1704) und David Humes (1711-1776), beide Vertreter der englischen Aufklärung (Empirismus), die sich bereits vor ihm mit dem menschlichen Erkenntnisvermögen auseinandergesetzt hatten. Hume fragte sich: Wenn ich heute einen Apfel von einem Baum fallen sehe, habe ich dann das Recht zu sagen, dass dies

immer so sein wird? Selbst wenn ich es unzählige Male beobachte, kann ich daraus mit Sicherheit folgern, ein für alle Ewigkeiten gültiges Gesetz gefunden zu haben? Hume postulierte, dass eine solche Absolutheit nicht als gesichert angesehen werden kann; vielmehr sieht der Mensch gewisse Vorgänge und *gewöhnt* sich daran, sie in einen bestimmten Zusammenhang zu setzen. Ob aber dieser Zusammenhang, ob ewig gültige Gesetze existieren, die etwas darüber aussagen, kann der Mensch nicht wissen.

Kant war bis zu diesem Zeitpunkt Anhänger der Wolff'schen Philosophie gewesen und hatte dementsprechend an die Unumstößlichkeit „ewiger Wahrheiten" (Gott, Gesetz von Ursache und Wirkung usw.) geglaubt. Als er Hume las, musste er feststellen, dass sogar bei einfachen Wahrheiten von einem *Beweisen* gar nicht die Rede sein kann, sondern dass alles, was der Mensch in dieser Hinsicht weiß, aus der Gewohnheit heraus angenommen wird. Damit sah sich Kant vor die existenzielle Frage gestellt, ob es wirklich keine ewigen Wahrheiten gibt? In diesem Kontext fielen ihm die Gesetze der Mathematik ein, die immer und notwendig wahr sein müssen, und an deren Richtigkeit es keinen Zweifel geben konnte. Außerdem, so war er sich sicher, muss das physikalische Gesetz von Ursache-Wirkung ewige Gültigkeit besitzen.

Und doch hatte Hume die Unbeweisbarkeit dieser von Kant als Axiome empfundenen Urteile nachgewiesen, weil sie aus der Beobachtung des Äußeren gewonnen waren. Die Beobachtung jedoch kann immer nur sagen, was gewesen ist, niemals vermag sie zu sagen, ob es auch immer so sein muss und sein wird. Um sich nicht völlig zu der wolffschen oder humeschen Weltanschauung bekennen zu müssen (und damit eine als falsch zu klassifizieren), strebte Kant einen Kompromiss an, indem er eine ganz neue Fragestellung formulierte: Wie ist es möglich, dass der Mensch (wahre) Erkenntnisse über die Welt haben und trotzdem nicht auf die Urgründe des Seins stoßen kann, hier also eine Grenze des Erkennens vorliegt?

Kant sah nur einen Ausweg: Er musste das Wissen um die Dinge auf den Menschen selbst zurückführen unter Beibehaltung der (objektiven) Existenz dieser Dinge, was seinen Ausdruck in dem (neu gebildeten) Begriff des „Ding an sich" fand. Wenn der Mensch so eingerichtet ist, dass von ihm alles abhängt, dann ist dies die Lösung des Problems, dann ist es möglich zu sagen: Zweimal zwei ist deshalb gleich vier, weil dies in der Konstitution des Menschen begründet liegt –, mit einer objektiven Gesetzmäßigkeit hat es nichts zu tun (es wäre sogar möglich, dass in Wirklichkeit „zweimal zwei gleich drei" oder „zweimal zwei gleich fünf" ist). Auch muss der Mensch konstitutionell bedingt jede Wirkung mit einer Ursache verknüpfen; ob aber in den „Dingen an sich" das Prinzip von Wirkung und Ursache wirklich existiert –, es ist nicht möglich, darüber Aufschluss zu erlangen! Auf der ganzen Welt gibt es nur Eines, dessen sich der Mensch ganz gewiss sein kann: Das Sittengesetz. Kant postulierte es als den kategorischen Imperativ, als das „Grundgesetz der reinen praktischen Vernunft": „Handle so, daß die Maxime deines Willens jederzeit zugleich als Prinzip einer allgemeinen Gesetzgebung gelten könne." (Bd. 7, 140) *Nur* in der strengen Hingabe an das Sittengesetz kann der Mensch Vollkommenheit und Glückseligkeit erlangen, seinem Dasein einen Sinn geben.

Was hatte er damit aber genau genommen erreicht? Kant hatte bewiesen, dass das Wissen des Menschen beschränkt ist und er seinem Leben selbst keinen Sinn geben kann. Zwar existieren Sinnhaftigkeit, Gott usw., aber diese höchsten Wahrheiten sind nicht der Erkenntnis zugänglich, es handelt sich um moralische Wahrheiten (Offenbarungswahrheiten), denen sich der Mensch unterordnen muss. Die Aufklärung Kants hat demnach nicht den

Menschen zum Gebrauch seiner Erkenntnisfähigkeit geführt, dies war auch niemals ihre ursprüngliche Absicht, wie Kant in der Vorrede zur „Kritik der reinen Vernunft" zugibt: „Ich mußte also das Wissen aufheben, um zum Glauben Platz zu bekommen." (Bd. 3, 33) Um die Wahrheit und Gewissheit bestimmter (mathematisch-mechanischer) Erkenntnisse zu retten, opferte er die Möglichkeit menschlicher Einsicht in den Weltengrund und leugnete die Idee der Freiheit für den Menschen.

1.3 Ist der Mensch frei?

> Aus einem Sklaven der Natur, solang' er sie bloß empfindet, wird der Mensch ihr Gesetzgeber, sobald er sie denkt. Die ihn vordem nur als Macht beherrschte, steht jetzt als Objekt vor seinem richtenden Blick. Was ihm Objekt ist, hat keine Gewalt über ihn, denn um Objekt zu sein, muß es die seinige erfahren. (1999, Bd. 5, 270)

In seinen Briefen „Über die ästhetische Erziehung des Menschen" weist Friedrich von Schiller (1759-1805) den Weg, wie der Mensch durch das Denken seine Vernunft ausbilden und (höhere) Einsicht erlangen kann. Er stellt sich damit gegen Kants kategorischen Imperativ, der den Menschen zum Sklaven der Pflicht degradiert, und nähert sich einem Monismus, während Kant einen Dualismus vertritt. Schiller führt das Denken auf zwei Hauptbegriffe zurück, die im Goethe'schen Sinne „Urphänomene" genannt und als solche nicht weiter zurückverfolgt werden können. Der erste Begriff ist die sog. *Person*, i.e. die von der Natur verliehene Ichheit. Sie ist ein Unveränderliches, Beharrendes, Außerzeitliches und absolut in sich Gegründetes. Als dieses reine Selbst ist es nur *Form*.

Der zweite Begriff wird durch die Gefühle, Stimmungen und Erlebnisse der Person bestimmt und heißt *Zustand*. Auch wenn mit „Zustand" eher etwas Festes und Verharrendes vorgestellt wird, bezeichnet Schiller damit das Wechselnde und Wandelnde, das in der Zeit Verlaufende und Vergängliche. Dieses sich stetig im Fluss Befindende ist *Stoff*. Solange der Mensch nichts empfindet (dies bezieht sich nur auf Sinneseindrücke), ist er also ewige Form; solange er nur empfindet, „ist er noch weiter nichts als Welt, wenn wir unter diesem Namen bloß den formlosen Inhalt der Zeit verstehen." (ebenda, 235) Daraus folgt:

> Um also nicht bloß Welt zu sein, muß er der Materie Form erteilen; um nicht bloß Form zu sein, muß er der Anlage, die er in sich trägt, Wirklichkeit geben. Er verwirklicht die Form, wenn er die Zeit erschafft und dem Beharrlichen die Veränderung, der ewigen Einheit seines Ichs die Mannigfaltigkeit der Welt gegenüberstellt; er formt die Materie, wenn er die Zeit wieder aufhebt, Beharrlichkeit im Wechsel behauptet und die Mannigfaltigkeit der Welt der Einheit seines Ichs unterwürfig macht. (ebenda, 235-236)

Zur Erfüllung dieser Aufgabe stehen dem Menschen zwei Kräfte zur Verfügung, die er, weil sie den Menschen antreiben, *Triebe* nennt. Der erste Trieb ist der *Stofftrieb*. Jener entzündet sich an den Außendingen, er will aus sich heraus, möchte alles nach außen projizieren, kurz: er will leben.

> [Jener] geht aus von dem physischen Dasein des Menschen [...] und ist beschäftigt, ihn in die Schranken der Zeit zu setzen und zur Materie zu machen: nicht ihm Materie zu geben, weil dazu schon eine freie Tätigkeit der Person gehört, welche die Materie

> aufnimmt und von sich, dem Beharrlichen, unterscheidet. Materie aber heißt hier nichts als Veränderung oder Realität, die die Zeit erfüllt; mithin erfordert dieser Trieb, daß Veränderung sei, daß die Zeit einen Inhalt habe. (ebenda, 236)

Demgegenüber existiert ein *Formtrieb*:

> [Dieser] geht aus von dem absoluten Dasein des Menschen oder von seiner vernünftigen Natur und ist bestrebt, ihn in Freiheit zu setzen, Harmonie in die Verschiedenheit seines Erscheinens zu bringen und bei allem Wechsel des Zustands seine Person zu behaupten. Da nun die letztere als absolute und unteilbare Einheit mit sich selbst nie im Widerspruch sein kann, da wir in alle Ewigkeit wir sind, so kann derjenige Trieb, der auf Behauptung der Persönlichkeit dringt, nie etwas anders fordern, als was er in alle Ewigkeit fordern muß; er entscheidet also für immer, wie er für jetzt entscheidet, und gebietet für jetzt, was er für immer gebietet. Er umfaßt mithin die ganze Folge der Zeit, das ist soviel als: er hebt die Zeit, er hebt die Veränderung auf; er will, daß das Wirkliche notwendig und ewig und daß das Ewige und Notwendige wirklich sei; mit anderen Worten; er dringt auf Wahrheit und auf Recht. (ebenda, 237)

Während im Stofftrieb die Notwendigkeit in den Sinnendingen (im Materiellen), die auf den Menschen einstürmen, hervortritt, ist beim Formtrieb die Notwendigkeit im Geistigen zu suchen, in der Logik des Menschen, die abstrahiert und alles zu Gesetzen, die ewig sind, machen möchte, um die Welt der Mannigfaltigkeit auf ein Einheitlich-Beharrendes zurück zu führen. Beiden

Trieben ist der Mensch zunächst unterworfen: Der Stofftrieb fesselt an die Welt, der Formtrieb an das Ewige; dadurch machen sie den Menschen unfrei. Indem ein jeder Trieb um die Vorherrschaft kämpft, drohen sie, den Menschen auseinander zu reißen.

Wie von selbst tritt nun die Frage auf: Ist dieser Zwiespalt unüberbrückbar? Kann sich der Mensch nur für den einen und gegen den anderen Trieb entscheiden, d.h. gibt es statt einer Synthese nur ein Entweder-Oder? Kant hatte dieses Problem „gelöst", indem er sagte, der Mensch muss sich dem ewigen „Du sollst" unterordnen und der Pflicht dienen. Schiller hingegen postulierte: Der Mensch kann sich die ehernen Gesetze der Logik und der Vernunft so zu Eigen machen, dass er ihnen ohne Zwang folgt, weil er das Reine einsieht und es freiwillig will. Er hat damit sein sittliches Gefühl geläutert und die Neigungen hinaufgebracht zum Geistigen. Gleichzeitig kann der Mensch die Vernunftgesetze in die Triebe herunterbringen, wodurch insgesamt Harmonie zwischen den vernunftveredelten Trieben und der leidenschaftlichen Vernunft hergestellt wird. Freiheit entsteht dann durch die Versöhnung von Form- und Stofftrieb. Mit diesen verhält es sich wie mit den Schalen einer Waage, die nicht leer sein müssen, um im Gleichgewicht zu sein, sie können auch beide dasselbe Gewicht enthalten und dadurch die Ausgewogenheit herbeiführen: „Diese mittlere Stimmung, in welcher das Gemüt physisch und moralisch genötigt und doch auf beide Art tätig ist, verdient vorzugsweise eine freie Stimmung zu heißen [...]." (ebenda, 257) Wer jenen mittleren Zustand, den Schiller auch den ästhetischen nennt, anstrebt und erreicht, schafft etwas Neues, was seinen Ursprung allein im Ich des Menschen hat – den Spieltrieb[1]:

---

[1] Zur Frage, warum Schiller den Begriff *Spiel*trieb verwendete, sei kurz erläutert: Das Wesen des Spieles besteht darin, dass Dinge der Wirklichkeit entnommen und beliebig verändert werden, d.h. nicht nach einem notwendigen Gesetz, sondern nach einem subjektiven Bedürfnis. Dadurch prägt der

> Der Spieltrieb wird geboren, wenn die Seele Schönheit sucht. Die Schönheit hilft dem Menschen, sich in der Mitte zwischen Stofftrieb und Formtrieb zu halten. Durch die Schönheit wird der vom Stofftrieb beherrschte Mensch zum Denken, zur Form und zum Ewigen der Person gelenkt. Er entrinnt den Fesseln der Materie. Der Mensch aber, der von der Form unterjocht ist, der also an das Gesetzliche und das Abstrakte gebunden ist, er wird durch die Schönheit wieder zum Leben und zur Erde zurückgeleitet. [...] Durch die Schönheit wird der Mensch weder physisch noch moralisch gezwungen. [...] Er handelt ungezwungen. Er ist frei. (Steffen 1922, 22-23)

Zum Schluss dieses Kapitels sei die Frage berechtigt, inwiefern die Erkenntnistheorie bei Schiller einen Abschluss gefunden hat. Immerhin hat er die Freiheit bewiesen, doch ist hier als alles entscheidender Einwand anzuführen: Nur für die Kunst!

Schiller scheiterte daran, Kants Erkenntnistheorie *denkerisch* zu widerlegen. Zwar empörte sich in ihm alles, wenn er den kategorischen Imperativ betrachtete, doch entsprang dies seinem Gefühl, und so darf gesagt werden, dass Schiller im Grunde Moralist, aber kein Erkenntnistheoretiker war. Ihm fehlte die rein auf Gedanken gestützte Basis. Ein Gleiches gilt scheinbar auch für Goethe, aber es wird gerade Aufgabe des folgenden Kapitels sein zu zeigen, wie *er* (s)einen Gleichgewichtszustand verwirklichte.

Spielende der Wirklichkeit seine Subjektivität ein, der er letztlich objektive Geltung verleiht.

1.4 Sieh mit Geistes-Augen!

> Kants Kritik der reinen Vernunft [...] lag aber völlig außerhalb meines Kreises. Ich wohnte jedoch manchem Gespräch darüber bei, und mit einiger Aufmerksamkeit konnte ich bemerken, daß die alte Hauptfrage sich erneure, wie viel unser Selbst und wie viel die Außenwelt zu unserem geistigen Dasein beitrage. (1982, Bd. 2, 27)

Mit dieser Aussage lässt sich bereits zu Beginn darauf hinweisen, wie Johann Wolfgang von Goethe (1749-1832) Kant nicht folgen wollte, ja seine Auffassung diametral zu der des Königsberger Philosophen lag. Goethes Prosa-Hymnus „Die Natur" gibt einen deutlichen Hinweis, worauf dies zurückzuführen ist:

> Natur! Wir sind von ihr umgeben und umschlungen – unvermögend aus ihr herauszutreten, und unvermögend tiefer in sie hineinzukommen. Ungebeten und ungewarnt nimmt sie uns in den Kreislauf ihres Tanzes auf und treibt sich mit uns fort, bis wir ermüdet sind und ihrem Arme entfallen. [...] Alles ist neu und doch immer das Alte. [...] Sie hat mich hereingestellt, sie wird mich auch herausführen. Ich vertraue mich ihr. (HA, Bd. 13, 45-47)

Während Kant zwischen der vom Menschen vorgestellten und einer zweiten, transzendentalen Welt der „Dinge an sich" unterschied und somit einen Gegensatz zwischen Mensch und Welt konstruierte, sah Goethe das Menschliche als Glied der Natur. Dementsprechend, so folgerte er, muss es möglich sein, diese zu erkennen, wenn der Mensch sich weiter entwickelt. Der Anfangspunkt, der zu dieser Erkenntnis führte, ist in einem Erlebnis zu finden, dass Goethe hatte, als er einen gefangenen Schmetterling sah:

> [...] das arme Thier zittert im Netze, streifft sich die schönsten Farben ab; und wenn man es ia [sic!] unversehrt erwischt, so stickt es doch endlich steif und leblos da; der Leichnam ist nicht das ganze Thier, es gehört noch etwas dazu, noch ein Hauptstück, und bei der Gelegenheit, wie bey ieder andern, ein sehr hauptsächliches Hauptstück: das Leben [...]. (WA-IV, Bd. 1, 238-239)

Bis zu diesem Zeitpunkt war es in der Wissenschaft üblich, das Organische aus dem Anorganischen zu erklären: Pflanze, Tier und Mensch waren lediglich die Summe anorganischer Teile, die durch ein unbekanntes „Lebensprinzip" lebendig, d.h. organisch wurden. Für Goethe lag hingegen eine Trennung von Anorganischem und Organischem vor und im Zuge jener Überlegungen betrieb er botanische Studien, in deren Verlauf er die Idee der Urpflanze finden wollte:

> Eine solche muß es denn doch geben! Woran würde ich sonst erkennen, daß dieses oder jenes Gebilde eine Pflanze sei, wenn sie nicht alle nach einem Muster gebildet wären? (HA, Bd. 11, 266-267)

> Die Urpflanze wird das wunderlichste Geschöpf von der Welt, um welches mich die Natur selbst beneiden soll. Mit diesem Modell und dem Schlüssel dazu kann man alsdann noch Pflanzen ins Unendliche erfinden, die konsequent sein müssen, das heißt: die, wenn sie auch nicht existieren, doch existieren könnten und nicht etwa malerische oder dichterische Schatten und Scheine sind, sondern eine innerliche

Wahrheit und Notwendigkeit haben. Dasselbe Gesetz wird sich auf alles übrige Lebendige anwenden lassen. (HA, Bd. 11, 324)

1789 beschreibt Goethe das Prinzip der Metamorphose, wie es ihm an der Idee der Urpflanze bereits während seiner Italienischen Reise aufgegangen war. Die Metamorphose der Pflanzen geschieht in dreimal zwei Schritten: vom keimenden Samen hin zur Bildung des ersten Blattes, „Knoten auf Knoten getürmt, immer das erste Gebild [...]" (BA, Bd. 1, 206), abschließend in einer Zusammenziehung der Kräfte mit dem Ergebnis der Kelchbildung; erneut zieht sich die Gestaltung zusammen und bildet dann die Staubfäden und Stempel, um dann in der Fruchtbildung zum dritten und letzten Male das Gesetz der Ausdehnung zu offenbaren. Das systolische und diastolische Prinzip der Metamorphosenlehre lässt sich auf alles Lebendige anwenden und auch an diesem beobachten. Die Natur und die sich innerhalb ihr vollziehenden Umwandlungen werden dem Menschen damit zu einem „Übungsbuch", durch das er die Verwandlungsdynamik des Lebendigen nachvollziehen kann. Während Goethe diese Urpflanze als aus der (geistigen) Anschauung gewonnen präsentierte, machte ihn Schiller im Anschluss an ein Gespräch darauf aufmerksam, dass sie auch als Idee aufgefasst werden kann. Goethe teilt diesbezüglich mit:

> [...] da trug ich die Metamorphose der Pflanzen lebhaft vor [...], als ich aber geendet, schüttelte er den Kopf und sagte: „Das ist keine Erfahrung, das ist eine Idee." [...] ich nahm mich aber zusammen und versetzte: „Das kann mir sehr lieb sein, daß ich Ideen habe ohne es zu wissen, und sie sogar mit Augen sehe." (1982, Bd. 1, 111-112)

Der (scheinbare) Unterschied löst sich sofort auf, wenn der Begriff „Idee" näher betrachtet wird: Zu Goethes Zeiten wurde mit „Idee" lediglich der abstrakte Begriff, abgeleitet aus der Vorstellung, assoziiert. Da Goethe von Schillers Beschäftigung mit Kant wusste, glaubte er anfangs, dass Schiller die Urpflanze nicht erfasst hat, wenn er sie für eine Idee hielt; Schiller hingegen hatte den Ideenbegriff Kants überwunden und erkannte, dass Goethes Urpflanze durchaus Idee genannt werden kann, wenn damit nicht einfach die *abstrahierte* Idee, sondern die *lebendige, reale* (mit „Geistes-Augen" geschaute) Idee bezeichnet wird (vgl. Steiner 1985, 170-171). Als sich beide darüber verständigt hatten, war Goethe bereit, seine Urpflanze als Idee zu betrachten. Goethes Verdienst ist es, den Beweis geführt zu haben, im Denken ein Organ zur Auffassung und Auffindung von Ideen zu besitzen. Er nennt „das Vermögen, wodurch wir die organische Natur begreifen, anschauende Urteilskraft." (Steiner 1987 a, 86) Auch dies ist von der Goethe-Forschung bislang nicht verstanden worden, was sich zeigt, wenn Neubauer im Goethe-Handbuch weiter schreibt: „Urtier und Urpflanze erscheinen also in diesen späteren Texten im Sinne von Kant und Schiller als Idee und Begriff, nicht als Erfahrung [...]." (751) Die Tatsache, Ideen *sehen* und somit erfahren zu können, erscheint Neubauer als so absurd, dass er ein reales Vorhandensein der „anschaulichen Urteilskraft" von vornherein ausschließt und Urpflanze und Urtier als Idee bzw. Begriff und eben nicht als Erfahrung betrachtet. Die Verbindung von „Idee, anschaulicher Urteilskraft, Erfahrung" bleibt nämlich solange unverständlich, als nicht die Bereitschaft vorhanden ist, sich von der materialistischen Vorstellungsweise zu lösen, die nur das gelten lässt, was mit den physischen Sinnen wahrnehm- oder mit Apparaten messbar ist:

> Die «Urpflanze» kann nur erfaßt werden, wenn man den Begriff in sich belebt, wenn die Gedanken nicht mehr bloße Abbilder der Wirklichkeit sind, sondern

> zur schöpferischen Produktion im Menscheninnern gelangen, wenn im Geiste etwas tätig wird, das den Bildekräften, die vom Kosmos wirken, entspricht: ein lebendiges Organ. (Steffen 1964, 265)

In der Tat dachte Goethe an ein solches „inneres/ geistiges Organ" wie die folgenden Äußerungen belegen: „Wir lernen mit Augen des Geistes sehen, ohne die wir, wie überall, so besonders auch in der Naturforschung, blind umhertasten." (1982, Bd. 1, 262), oder auch: „Jeder neue Gegenstand, wohl beschaut, schließt ein neues Organ in uns auf." (BA, Bd. 16, 386), sowie: „[...] dieses einfache Experiment mit den Augen des Leibes erblicken; wer es mit Geistesaugen beschaut, wird von tausend und aber tausend irrtümlichen Paragraphen befreit sein." (BA, Bd. 18, 495) Die einzige Möglichkeit diese Hinweise Goethes auf ein „neues Sehen/ geistiges Organ" für die weitere Forschung nicht heranzuziehen, besteht darin, sie als Metapher zu deuten und zu behaupten, Goethe hätte auf „poetische Weise" nur das normale Vorstellungsvermögen im Sinn gehabt. Dem widersprechend soll als letztes Zitat eine Aussage Goethes aus seiner Autobiographie „Dichtung und Wahrheit" entgegengestellt werden, in der er rückblickend ein Erlebnis vom Herbst 1771 beschreibt:

> Nun ritt ich auf dem Fußpfade gegen Drusenheim, und da überfiel mich eine der sonderbarsten Ahndungen. Ich sah nämlich, nicht mit den Augen des Leibes, sondern des Geistes, mich mir selbst, denselben Weg, zu Pferde wieder entgegen kommen, und zwar in einem Kleide, wie ich es nie getragen: es war hechtgrau mit etwas Gold. (HA, Bd. 9, 500)

Wer *seine* Weltanschauung auf Goethe oktroyieren will, wird genügend „Gegenargumente" finden, um die „anschauliche Urteilskraft" und das Sehen mit den „Augen des Geistes" lächerlich zu machen; so schreibt Goethe nach obigem Erlebnis: „Sobald ich mich aus diesem Traum aufschüttelte, war die Gestalt ganz hinweg." (ebenda, 500) Mit diesem Satz lässt sich die gesamte bisherige Ausführung recht einfach auf einen „Tagtraum" reduzieren, weshalb zum Abschluss noch eine frühe Äußerung Goethes herangezogen werden soll, die unmissverständlich nicht nur von einem Erleben der Idee, sondern ganz klar von übersinnlichen Welten spricht:

> Ich bin geneigter als iemand [sic!] noch eine Welt außer der Sichtbaren zu glauben und ich habe Dichtungs- und Lebenskraft genug, sogar mein eigenes beschränktes Selbst zu einem Schwedenborgischen Geisteruniversum erweitert zu fühlen. (WA, Abt. IV, Bd. 5, 214-215)

Hier sagt Goethe also nicht nur, dass er an eine überphysische Welt glaubt, er sieht sich sogar selbst in der Lage, zu dieser vorzustoßen, wenn es – und dies geht deutlich aus dem weiteren Brief an Lavater hervor – eine erkenntnistheoretisch gesicherte Methode dafür gäbe. Denn die Gabe Swedenborgs beruht auf einem Atavismus, d.h. es handelt sich um eine unkontrollierbare Freisetzung von Fähigkeiten, was Goethe für sich (und allgemein) als zu gefährlich ablehnte.

Rudolf Steiner hat diese von Goethe geforderte erkenntnistheoretisch fundierte Methode entwickelt, die im nächsten Kapitel vorgestellt wird.

1.5 Erkenne und du wirst frei sein!

Als Rudolf Steiner (1861-1925) sich gegen Ende des 19. Jahrhunderts mit Goethe beschäftigte, war von dessen einstigen Ruhm nur noch wenig zu spüren. Der Fortschritt und die Etablierung der Naturwissenschaften machten es zunächst unmöglich, im Idealismus mehr als nur „schöngeistigen Zeitvertreib" zu sehen. Das Ziel seiner Beschäftigung mit Goethes naturwissenschaftlichen Schriften hielt Steiner in den Worten fest: „Wie sich in Goethes Geist die Ideen belebt haben, wie sie Ideengestaltungen geworden sind, das versuchte ich für eine Erklärung der Goethe'schen Naturanschauung darzustellen." (ebenda, 84)

Goethes naturwissenschaftliche Weltanschauung liegt nicht als *ein* von ihm abgeschlossenes Ganzes vor (einzige Ausnahme: Die Farbenlehre), vielmehr muten seine Aufsätze wie Kostproben seiner Denkweise hinsichtlich spezieller Probleme an. Die Schlussfolgerung jedoch, deshalb in Goethes Gedanken kein wissenschaftliches System zu haben, ist unstatthaft:

> Damit aber, daß wir rückhaltlos zugeben, daß Goethes Grundprinzipien von ihm nie als zusammenhängendes Ganzes ausgesprochen worden sind, wollen wir durchaus nicht zugleich die Behauptung gerechtfertigt finden, daß Goethes Weltanschauung nicht aus einem ideellen Zentrum entspringt, das sich in eine streng wissenschaftliche Fassung bringen läßt. Wir müssen uns vor allem klar darüber sein, um was es sich hierbei handelt. Was in Goethes Geist als das innere, treibende Prinzip in allen seinen Schöpfungen wirkte, sie durchdrang und belebte, konnte sich als *solches*, in seiner Besonderheit nicht in den Vordergrund drängen. Eben weil es bei Goethe *alles* durchdringt, konnte es nicht als *einzelnes* zu gleicher

> Zeit vor sein Bewußtsein treten. Wäre das letztere der Fall gewesen, dann hätte es als Abgeschlossenes, Ruhendes vor seinen Geist treten müssen, anstatt daß es, wie es wirklich der Fall war, stets ein Tätiges, Wirkendes war. (Steiner 1987 a, 141-142)

Es ist möglich, Goethes Einzelstudien zu einer vollständigen Weltanschauung auszuarbeiten, wenn dabei stets die Methodik und übergreifende Idee, die seiner Forschung zu Grunde lagen, beachtet werden. Damit hatte Steiner die zu leistende Aufgabe klar umrissen, welche nach Beendigung seiner Herausgabe der naturwissenschaftlichen Schriften Goethes (1896) in dem Buch „Goethes Weltanschauung" (1897) ihren zusammenfassenden Abschluss fand. Neben dieser Arbeit hatte Steiner eigene philosophische Gedanken entwickelt und es ist hervorzuheben, dass jene sich nicht wie eine Ableitung aus der Goethe'schen Weltsicht ausnehmen, sondern im Gegenteil diese wie ein Teil von jenen. Steiner erkannte, dass Goethes Überlegungen die Vorstufe für seine eigenen darstellen, indem der Dichter sich als erster vehement gegen die von Kant aufgestellten „Erkenntnisgrenzen" gewehrt hatte. In Goethes naturwissenschaftlichen Schriften sah Steiner die Möglichkeit gegeben, an ein bereits Bestehendes anzuknüpfen und gleichzeitig die Erlangung von Erkenntnissen überphysischer Welten wissenschaftlich zu fundieren:

> Über dasjenige, was die naturwissenschaftliche Vorstellungsart geben kann, kommt man nur hinaus, wenn man im inneren Seelenleben die Erfahrung macht, daß es ein Erwachen aus dem gewöhnlichen Bewußtsein gibt; ein Erwachen zu einer Art und Richtung des seelischen Erlebens, die sich zu der Welt des gewöhnlichen Bewußtseins verhalten, wie dieses zu der Bilderwelt des Traumes. Goethe

> spricht in seiner Art von dem Erwachen aus dem gewöhnlichen Bewußtsein und nennt die Seelenfähigkeit, die dadurch erlangt wird, «anschauende Urteilskraft». Diese anschauende Urteilskraft verleiht der Seele, nach Goethes Ansicht, die Fähigkeit, das zu schauen, was sich als höhere Wirklichkeit der Dinge dem Erkennen des gewöhnlichen Bewußtseins verbirgt.
> Goethe hatte sich mit dem Bekenntnis zu einer solchen Fähigkeit des Menschen in Gegensatz gestellt zu Kant, der dem Menschen eine «anschauende Urteilskraft» abgesprochen hat. (1984 c, 159)

Die Annahme eines unüberwindbaren Gegensatzes zwischen Mensch und Welt, wie Kant ihn postulierte, ist unhaltbar (schon weil sie nicht als Axiom kenntlich gemacht wurde); Steiner ist der erste Philosoph, der auf diesen immanenten Fehler, welcher in jeder anderen Philosophie in mehr oder weniger versteckter Form vorhanden ist und diese beeinflusst, hinwies und ihn zum Ausgangspunkt seiner Überlegungen machte. Dabei kam es ihm „nicht auf eine Widerlegung oder Kritik im gewöhnlichen Sinne gegenüber dieser Vorstellungsart an. Ich stellte nicht die Frage: inwieferne ist dieser Gedankengang unrichtig? Sondern ich versuchte, die andere erschöpfend zu beantworten: inwieferne ist er richtig?" (1984 b, 315) Grundsätzlich pflichtete Steiner den Kantianern, Physiologen und Psychologen bei: „[...] was dem menschlichen Bewußtsein erscheint, tritt so auf, wie es die Bedingungen des wahrnehmenden Menschen erfordern." (ebenda, 316) Während die Philosophie an diesem Punkt auch gegenwärtig noch abschließt, zeigte Steiner die Fortsetzung jenes Vorganges auf:

[...], daß das Erkennen in seinem weiteren Fortschreiten die Gestalt überwindet, welche dem Weltbild bei seinem ersten Auftreten durch die menschliche Organisation gegeben ist. Allerdings muß das Erkennen, um ein Bewußtsein von dieser Tatsache zu haben, zu einer Betätigung gelangen, die ich diejenige im reinen Denken genannt habe. (ebenda, 316-317)

Das *reine* Denken: Während das gewöhnliche Denken von den Wahrnehmungen der Sinneswelt bestimmt wird, bewegt sich das reine Denken in den inneren lebendigen Denkvorstellungen selbst. Dadurch gelangt es vom Denken zu einem *Erleben* des Denkens (Goethes bereits erwähnte „anschauende Vorstellungskraft" ist solch ein reines Denken auf einer unteren Stufe):

Meine erkenntnistheoretische Forschung führte zu dem Ergebnis, daß der Mensch durch seine Organisation sich zunächst aus der wahren Wirklichkeit eine unvollständige gewissermaßen herausschneidet, und daß er im weiteren Fortgang seines Erkennens, in der Erhebung zum reinen Denken, sich in diese wahre Wirklichkeit wieder hineinstellt. (ebenda, 317)

Die Wahrnehmung ist also nichts Fertiges, Abgeschlossenes, sondern die eine Seite der totalen Wirklichkeit. Die andere Seite ist der Begriff. Der Erkenntnisakt ist die Synthese von Wahrnehmung und Begriff. Wahrnehmung und Begriff eines Dinges machen aber erst das ganze Ding aus. (1987 a, 92)

Als weitere Tatsache von immenser Bedeutung ergab sich der Beweis der menschlichen Freiheit: Solange der Mensch die Gründe seines Handelns nicht wirklich erkennend durchdringt, wird er nicht nur den Eindruck haben, dass ihn unbestimmte Triebe beherrschen, er steht dann tatsächlich unter ihrem Zwang und fühlt sich ohnmächtig als ein „Rädchen im Weltengetriebe". Betont werden muss aber, dass jene Auffassung eine materialistische ist, indem sie die am Physischen gewonnenen Erkenntnisse verabsolutiert und auf das moralische (seelisch-geistige) Gebiet überträgt:

> Das Individuelle in mir ist nicht mein Organismus mit seinen Trieben und Gefühlen, sondern das ist die einige Ideenwelt, die in diesem Organismus aufleuchtet. Meine Triebe, Instinkte, Leidenschaften begründen nichts weiter in mir, als daß ich zur allgemeinen Gattung Mensch gehöre; der Umstand, daß sich ein Ideelles in diesen Trieben, Leidenschaften und Gefühlen auf eine besondere Art auslebt, begründet meine Individualität.
> Durch meine Instinkte, Triebe bin ich ein Mensch, von denen zwölf ein Dutzend machen; durch die besondere Form der Idee, durch die ich mich innerhalb des Dutzend als Ich bezeichne, bin ich Individuum. (Steiner 1987 a, 164)

Wie vermag der Mensch aber, selbst wenn er sicher sein kann ein Individuum zu sein, sich Aufschluss über das Maß seiner Freiheit zu verschaffen? Hier muss deutlich zwischen den naturgesetzlichen Zwängen, die den Menschen umgeben, und dem sittlichen Gebiete unterschieden werden. Der Freiheitsbegriff kann nicht gefunden und gelöst werden, wenn jemand behauptet, er sei deshalb unfrei, weil er den Willen habe, mit seiner Hand den Mond zu erreichen und ihm dies nicht gelingt –, das ist eben innerhalb der auf der Erde waltenden Naturgesetzmäßigkeiten nicht möglich. Jene physische Unmöglichkeit (und das wird kaum beachtet) ist aber *kein Beweis* für die geistige Unfreiheit des Menschen; vielmehr gilt:

> Eine Handlung wird als eine freie empfunden, soweit deren Grund aus dem ideellen Teil meines individuellen Wesens hervorgeht; jeder andere Teil meiner Handlung, gleichgültig, ob er aus dem Zwange der Natur oder aus der Nötigung der sittlichen Norm vollzogen wird, wird als *unfrei* empfunden. (ebenda, 164)

Freiheit kann allein auf ideellem Gebiete gefunden werden; trotzdem ist ihre Wirkung keine abstrakte, sondern eine übergreifende, indem sie die Handlungen auf der Welt bestimmt. Die (sittliche) Weltordnung ist in der letzten Konsequenz freies Menschenwerk und keine außermenschlich geschaffene oder (wie im Sinne Kants) die Abspiegelung einer solchen: „Der Erkenntnisprozeß ist [...] der Entwicklungsprozeß zur Freiheit." (Steiner 1980, 92) Die Unterwerfung unter ein allgemeines Sittengesetz wie Kant sie fordert, ist unakzeptabel, denn das Besondere im Menschen (das Individuelle) ist es, das die Kultur weiterentwickelt hat (wie ein Blick in die Geschichte deutlich zeigt). Kant jedoch beseitigte das Individuelle und riskierte damit eine fade Einförmigkeit allen menschlichen Handelns. Deshalb formulierte Steiner analog zum kategorischen Imperativ: „Handle so, wie, nach deiner besonderen Individualität, nur gerade du handeln kannst; dann trägst du am meisten zum Ganzen bei; denn du vollbringst dann, was ein anderer nicht vermag." (1989 b, 171) und nannte dies *ethischen Individualismus*.

Die von Steiner entwickelte Erkenntnistheorie führt bei konsequenter Anwendung notwendig zu den Inhalten dessen, was er später als „Anthroposophie" vor die Öffentlichkeit gestellt hat und die von Albert Steffen aufgegriffen und dichterisch umgesetzt wurde.

1.6 Liebe das Böse gut!

Als Albert Steffen (1884-1963) im Jahre 1907 den ersten Vortrag Rudolf Steiners hörte und sich daraufhin – chronologisch beginnend, also mit den Schriften über Goethe zuerst – mit dessen Büchern beschäftigte: „[hatte er] in sich aus *Goetheschem und Schillerschem Wesens-Erbe die Synthese vollzogen* [...]. Man kann, wenn man sich diese Tatsache nicht klarmacht, Steffen [...] nicht [..] in seiner vollen Bedeutung *verstehen*." (Sybel-Petersen 1934, 32-33) Von dieser Basis aus war er fähig, die Richtigkeit der Forschungen Steiners unabhängig von einem persönlichen Verhältnis zu ihm zu bestätigen: (Goethe'sche) Naturwissenschaft und Anthroposophie stellen keine unüberbrückbare Diskrepanz dar, vielmehr führte erste bei konsequenter Anwendung zu letzterer hin:

> Kein Wort wird heute mehr mißverstanden und mißbraucht als Methode. Man verwechselt diese mit Programm, System, Dogma und ähnlichem. Es heißt aber Weg. Und je nachdem man ihn geht oder nicht geht, ergeben sich Erfahrungen. Diese sind durchaus eigen, selbst dann, wenn sie mit solchen übereinstimmen, die schon ein früherer Forscher, der in dieser Richtung ging, hatte. (Steffen 1938, 199).

> Als Eigentümlichkeit der Denkart des außerordentlichen Mannes, dem ich am meisten von allen Menschen verdanke, fand ich, daß er zu den Erkenntnissen, die er ausspricht, jedesmal den Weg angibt, auf

dem sie gefunden werden, d.h. daß er Prüfung und nicht Glauben verlangt. Er verneint das Dogma. (Steffen, 1984, 10)

Schon als Student der Naturwissenschaften (vor der Begegnung mit Steiner) in Berlin erkannte Steffen:

Ich greife zu Goethe und fühle sogleich die reinigende Kraft. Der Dichter sei Arzt, seine Arznei das Wort.
Aber seltsam, wie ich auf die Straße trete, Goethe-erfüllt, fühle ich (so wehe es mir tut): auch diese Geistesart genügt nicht, die Sphäre dieser Stadt zu verwandeln. Es ist mir, als schallte mir ein Gelächter aus dem Lärm der Gasse entgegen über Pfarrer, Professoren, Ärzte, und – Dichter. Dichter? Ja! Wenn keine andere Dichtung kommt! (1955, 3)

Es existiert eine Kraft des Wortes; folglich kann Dichtung eine heilende Wirkung entfalten. Steffen wusste alsbald zwischen einer solchen Dichtung und einer krank machenden zu unterscheiden: Dichtung, welche sich an das Edelste im Menschen wendet, ihm die Möglichkeiten seiner Entwicklung aufweist und ihn dergestalt impulsiert, sein Leben in die Hand zu nehmen und aus freiem Willen zu gestalten: sie ist therapeutisch.
Werke hingegen, welche die Dekadenz des Menschen beschreiben, sich in der Darstellung des Niederen ergehen und damit die Instinkte und Leidenschaften des Lesers aufstacheln oder ihn mit düsteren Gedanken umdrängen und so sein Gemüt verfinstern: das war und ist im wahrsten Sinne des Wortes kränkend.

Was sichert heute den Erfolg? Die großen Auflagen liefern die Antwort. Entweder die photographische Treue, mit der man unsere Zivilisationsverhältnisse

schildert, oder aber die rücksichtslose Darstellung des Trieblebens. Oder beides miteinander verbunden. Aber dieses ist die verderblichste Ehe. [...] Wer nur Beobachter mittels der Sinne bleibt, verfällt einer ausgesprochenen Neurasthenie.
Wer sich aber hemmungslos seinem Unbewußten überläßt, wird gemein. Die Ausgeburt davon ist ein Untersinnliches, statt ein Übersinnliches. Solche Schriftsteller verwirren und kränken den Leser, so daß er noch schneller als sonst jenen Abirrungen verfällt, die infolge der gegenwärtigen Katastrophen im großen Umfang überhandnehmen und den Kulturrest des Abendlandes völlig ruinieren. Sie treiben, statt sich dem Unheil entgegenzustemmen, die Menschheit vollends in den Abgrund. (1960, 6-7)

Aus diesem Grund beschloss Steffen:

Ich verzichte von vornherein, so wie die «gelobten» Schriftsteller zu erzählen. Warum? Es wäre das Allerleichteste für mich. Aber ich müßte dabei das Allerschwerste aufgeben: die Entwicklung zu einem höheren Menschentum [...]. Werde ich überhaupt noch Leser finden? Aber selbst auf die Gefahr hin, daß ich den letzten verliere, wollte ich diesen Weg gehen. (ebenda, 1960, 5-6)

Steffen wollte nicht nur die Ursachen der ihn umgebenden geistigen und moralischen Finsternis erforschen, wie sie sich in den zwei Weltkriegen offenbart hatte (und die er beide bewusst miterlebt hat), er wollte „die versumpften und verdämmerten Massenmenschen den Abgründen [...] entreißen und ihnen neue Seelenkräfte [...] vermitteln." (Fringeli 1974, 52)

Im Folgenden wird die praktische Umsetzung der Therapeutischen Dichtung dargestellt, dabei beginnend mit den ihr zu Grunde liegenden Leitmotiven.

2. Leitmotive der Therapeutischen Dichtung

2.1 Wer bin ich? Was will ich?

> Daß ich Dir's mit einem Worte sage: mich selbst, ganz wie ich da bin, auszubilden, das war dunkel von Jugend auf mein Wunsch und meine Absicht. Noch hege ich eben diese Gesinnungen, nur daß mir die Mittel, die mir es möglich machen werden, etwas deutlicher sind. (HA, Bd. 7, 290)

Wer eine Ausbildung seiner Fähigkeiten anstrebt, muss zuerst die eigenen Vorzüge und Schwächen kennen, kurzum: er strebt nach Selbsterkenntnis. Besitzt er diese, hat er die Grundlage gebildet, frei zu handeln, weil nun die Motive für sein Tun nicht aus unbewussten Tiefen seines Seelenlebens stammen, sondern von ihm selbst bestimmt werden. Die Frage ist allerdings, warum Goethe in den gesamten Lehr- und Wanderjahren keine straff organisierte Methode zur Erreichung dieses Zieles explizit beschrieben hat. Wilhelm Meister erweckt vielmehr über weite Strecken (für die Lehrjahre gilt dieses Urteil sogar insgesamt) den Eindruck, von einer Begebenheit zur nächsten zu stolpern, ohne zu erkennen, warum die Dinge geschehen und in welchem Zusammenhang sie mit seiner Person stehen. Damit befindet er sich in derselben Lage wie viele Patienten, die von den Symptomen ihrer Krankheit überrollt werden und von Arzt zu Arzt laufen. Sich dies zu vergegenwärtigen, ist für den Therapeuten unerlässlich, wenn er die Problematik seines Patienten genau verstehen will, die mehr ist als die Summe der präsentierten Krankheitszeichen: Welche (unbewussten) Glaubenssätze bringt er mit? Wovor hat er Angst? Was quält ihn, was freut ihn?

Wenn es darum geht, sich ein Gesamtbild der inneren und äußeren Situation des Patienten zu verschaffen, dann muss der Therapeut wissen, welchen Grad von Erkenntnis bezüglich der eigenen Situation der jeweilige Patient mitbringt: Sind ihm die Symptome nur lästig? Sieht er einen Sinn darin? Will er etwas ändern, will er sich ändern oder braucht er seine Krankheit vielleicht für andere Zwecke (Stichwort: Sekundärgewinn)?
In der folgenden Untersuchung soll ein Verständnis für diese Fragen hergestellt werden:

Wilhelm Meister befreit sich in seinen „Lehrjahren" von allen Traditionen und Bindungen und erkennt so seine Individualität; in den Wanderjahren muss er den Weg zurück in die Gemeinschaft finden. Würde er nur reine Selbsterkenntnis üben, wäre die Gefahr groß, dass er sich zum Egoisten macht. Indem er seinen Platz innerhalb der Gemeinschaft sucht, von wo aus er für die Menschheit wirken kann, verwandelt er sich in ein soziales Wesen. Er verbindet Selbsterkenntnis mit Welterkenntnis und dies aus Freiheit –, niemand zwingt ihn dazu. Wie genau dies nun funktioniert, beschreibt Goethe nicht; ein Blatt in Makariens Archiv liefert innerhalb des Romans dafür den Grund:

> Nehmen wir sodann das bedeutende Wort vor: Erkenne dich selbst, so müssen wir es nicht im aszetischen Sinne auslegen. Es ist keineswegs die Heautognosie unserer modernen Hypochondristen, Humoristen und Heautontimorumenen damit gemeint; sondern es heißt ganz einfach: Gib einigermaßen acht auf dich selbst, nimm Notiz von dir selbst, damit du gewahr werdest, wie du zu deinesgleichen und der Welt zu stehen kommst. Hiezu bedarf es keiner psychologischen Quälereien; jeder tüchtige Mensch weiß und erfährt, was es heißen soll; es ist

ein guter Rat, der einem jeden praktisch zum größten
Vorteil gedeiht. (471-472)

Dieser Satz lässt Goethes Vorliebe für die Praxis deutlich erkennen. Seine Art der Selbsterkenntnis ergibt sich aus der Tätigkeit und indem der Mensch *so* arbeitend in der Gemeinschaft steht, kann er sich selbst niemals verlieren, wie es bei einem Zurückziehen durch grüblerische Selbstanalyse möglich wäre. In den „Wanderjahren" findet sich im neunten Kapitel des zweiten Buches eine Textstelle, die dies nochmals unterstreicht, und zwar als Wilhelm in den Bergen erneut auf Montan-Jarno trifft und seinen Freund in der freudigen Erwartung begrüßt, ein offeneres Gespräch als bei ihrem letzten Treffen (drittes/ viertes Kapitel im ersten Buch) zu führen. Montan jedoch verweigert dies: „[...] die Gebirge sind stumme Meister und machen schweigsame Schüler." (264) Am nächsten Morgen stellt Wilhelm ihn zur Rede, nachdem abends bei einer Festlichkeit mit Handwerkern die Diskussion auf die Entstehung der Welt gekommen war und sich Montan bald dieser, bald jener Meinung angeschlossen hatte, worauf er ihm erklärt:

> Du tadelst mich, daß ich einem jeden in seiner Meinung nachhalf [...] jeder weiß nur für sich, was er weiß, und das muß er geheimhalten; wie er es ausspricht, sogleich ist der Widerspruch rege, und wie er sich in Streit einläßt, kommt er in sich selbst aus dem Gleichgewicht, und sein Bestes wird, wo nicht vernichtet, doch gestört. (267)

Mit dieser Einstellung verkörpert Montan eine gewisse Form des Asketismus, wie er ihn schon zu Beginn der „Wanderjahre" zum Ausdruck gebracht hat: „Die Menschen wollt' ich meiden. Ihnen ist nicht zu helfen, und sie hindern uns, daß man sich selbst hilft.

Sind sie glücklich, so soll man sie in ihren Albernheiten gewähren lassen [...]." (35) Er vertritt die Auffassung, jeder habe seine Wahrheit für sich; das heißt nicht, dass es keine allgemeingültige Wahrheit gibt, aber die Menschen erlangen die Kenntnis davon nicht durchs Reden: „Wenn man einmal weiß, worauf alles ankommt, hört man auf, gesprächig zu sein." (267) Wenn aber die Wahrheit nicht durch Gespräche gefunden werden kann, wie dann?

Goethe liefert hier keine direkte Antwort, wodurch sein Werk erstaunlicherweise kein Bildungsroman in dem klassischen Sinne ist, dass dort eine fein ziselisierte Methodik zur Erkenntnis*erlangung* präsentiert würde, vielmehr appellieren die „Wanderjahre" an das Erkenntnis*streben* und den Mut einen Anfang zu wagen.
Steffen hingegen sah sich konkret der Frage gegenübergestellt: Kann man die Methode zur Erlangung echter Selbsterkenntnis nicht nur mit den naturwissenschaftlichen Begriffen darstellen (vgl. Kapitel 1.5), sondern auch in dichterischer Form umsetzen?

2.2 Der therapeutische Dichter – Teil 1

Zu Beginn des Romans „Oase der Menschlichkeit" unterbreitet der Leiter des pädagogischen Instituts, Dr. Brugger, den neuen Lehrern Ernst und Esther den Vorschlag, neben ihrer regulären Arbeit eine „Dichterschule" einzurichten. Ernst äußert sich zunächst skeptisch, denn er ist von der Undurchführbarkeit des Vorhabens überzeugt: „Weil man niemand zum Dichter erziehen kann. Dazu muß man geboren sein." (76) Dr. Bruggers Antwort lautet: „Gewiß. Aber diese Geburt kann immer stattfinden." (76) Er weist damit auf die Entwicklungsmöglichkeit eines *jeden*

Menschen hin, wie er sie bereits vorher schon bei einem Besuch in einer Klasse für behinderte Kinder angedeutet hatte. Dort erklärte er, dass die falsche Vorstellung des Begriffs „Entwicklung" das größte Hindernis der Therapie ist. Denn nicht statisch darf die Entwicklung eines Menschen gesehen werden, ihr liegt vielmehr eine Dynamik zu Grunde. Entwicklung muss nicht stets aufwärts, sondern kann auch abwärts-rückläufig erfolgen. Aufgabe des Dichters ist es auf die aufsteigende Entwicklung hinzuweisen und sogar impulsgebend selbst daran mitzuarbeiten:

> Der Dichter muß auf jeden Fall therapeutisch wirken, wenn auch nicht physisch, wie der Arzt. [...] Seine Therapie besteht darin, daß er das abgestorbene oder ertötete Seelenleben [...] wiederum auferweckt, so daß es sich künftig zum schöpferischen Wesen erheben kann. Das geschieht durch das Wort [...]. (Steffen 1951, 324-325)

Aber der Mensch muss selbst tätig werden (indem er Selbsterkenntnis übt), wenn er erfahren will, welche Bereiche er zu entwickeln nötig hat bzw. was ihn hemmt. Diese Einsicht bildet sich nicht von selbst, sie muss erarbeitet werden, wobei sich als weiterer positiver Effekt ergibt:

> So kommt man bald davon ab, den anderen statt sich zu richten. Denn ungeheuer steht vor einem das noch Ungetane, Nochzutuende, welches [...] in so evidenter Weise unvollkommen ist, daß man zurückschreckt, ein Urteil über jemand anders als über sich selbst zu fällen. Man hat also mit dem eigenen Inneren genug zu tun. (82)

Gibt Steffen ein konkretes Beispiel, wie solch eine Schulung/ Therapie aussehen könnte? Tatsächlich beschreibt er im Folgenden ausführlich eine solche Gruppensitzung, bei der die Teilnehmer von ihren Erlebnissen und Eindrücken berichten; Form und Inhalt dieser Berichte stehen ihnen völlig offen. Sie können je nach Neigung und Begabung alles aus der Innen- und Außenwelt herantragen und zum Thema erheben, was geeignet ist, den gesunden Menschenverstand zu bilden und „das Wahrgenommene und Begriffene und dergestalt zu eigner Erkenntnis Gewordene zum Heil der ganzen Menschheit [zu verwenden]." (117) Allein Folgendes wird als verbindlich betrachtet: Um Trivial-Persönliches zu vermeiden, *muss jedes vorgebrachte Ereignis mindestens drei Tage zurückliegen.*
Steffen führt im Roman eine Fülle von Lehrbeispielen (sogenannte „Abbreviaturen des Schicksals") an: „Es sind nur Übungen, ohne Anspruch auf Vollendung, einer Sammelmappe entnommen, in der die Arbeiten der Teilnehmer zirkulieren." (123)

Neben den Schilderungen einer Tänzerin, eines Komponisten, einer Krankenschwester usw. findet sich direkt am Anfang eine Betrachtung, die für dieses Kapitel exemplarisch untersucht werden soll. Jener Text ist deshalb für die Selbsterkenntnis so wichtig, weil er eines der schwierigsten Gebiete als „Übungsstoff" wählt: Die Gräueltaten des Dritten Reiches.

Begonnen wird mit der Schilderung der Situation nach Kriegsende; die Menschen (Vertriebene, Soldaten u.a.) kehren in ihre Heimatländer zurück, Hauptmerkmal ihres Verhaltens ist das Vergessen und Schweigen:

> Schreckliche Greueltaten waren in den verflossenen Jahren geschehen, in welche viele Menschen, wenn auch nicht durch Mittun, so doch durch Zusehen hin-

einverflochten waren. Konnte man von Schuldlosigkeit sprechen, wenn man angesichts der Verbrechen geschwiegen und nicht aufgeschrien hatte! Es gab Männer und Frauen, die nachträglich bereuten, daß sie nicht mit dem Einsatz ihres Lebens gegen den Massenmord demonstriert hatten. Die Schergen hätten nicht immer wieder, so sagten sie sich jetzt, Hunderte und Tausende abgeholt, gemartert und geschändet, wenn man einmal sich vor sie hingeworfen haben würde. (126)

Der darin angesprochene Gedanke ist, so plausibel er klingen mag, doch falsch, denn er trifft den Kern des Problems nicht. Es kann heute rückblickend postuliert werden, dass die Schergen sehr wohl tausende Demonstranten abtransportiert hätten. Die Durchhalteparolen Hitlers gegen Kriegsende, die mit der sinnlosen Opferung von Alten und Kindern im „Volkssturm" verbunden waren, offenbaren etwas von dem Wahnsinn jener Zeit, dem nicht mehr mit normalen Reaktionen beizukommen war. Hier galt nur noch, was Steffen in dem Gedicht „Das Sterben ist uns lange vorbestimmt" als Konsequenz formuliert hatte: „Die Frage heißt schon nicht mehr, wie sich wehren, nur wie man die Notwendigkeiten nimmt." (1941 b, 53) Mit diesen Worten zielt er aber nicht auf einen Fatalismus ab, sondern dringt in das eigentliche Problem vor, welches nicht darin besteht, Hypothesen aufzustellen, wie sich der Einzelne *während* der Gräueltaten hätte verhalten sollen, denn zu *diesem* Zeitpunkt konnte das Handeln des Einzelnen die in Gang gesetzte Maschinerie nicht mehr aufhalten.

In seinem Werk „Wesen und Wollen des Nationalsozialismus" (die erste Analyse über das Dritte Reich, die noch *vor* dessen Ende verfasst wurde!) beschreibt Heyer (1991) systematisch die allseitig zerstörende Wirkung dieses Staatsapparats: Mittels eines engmaschigen Netzes aus Terror, Lüge und Belohnung (Macht und Geld) werden auf der einen Seite die Instinkte einer großen Masse aufgepeitscht und auf der anderen Seite der Wille zur Einsicht und Umkehr gelähmt und zerstört.

Die richtig gestellte Frage lautet also: Wie hätten sich die Menschen verhalten müssen, damit es gar nicht zum Dritten Reich gekommen wäre! Allein dies führt zum wirklichen Ursprung des Problems und ist keine banale Gedankenspielerei, geht es doch letztlich um nichts anderes als zu zeigen, dass das Dritte Reich keine zufällige Entgleisung war. Sämtliche Argumentationen, die Nazi-Herrschaft auf die schlechte Weltwirtschaftslage, hohe Arbeitslosigkeit, die Schmach von Versailles, die Reparationszahlungen usw. zurückzuführen, beschreiben nur die *Umstände*, die eine Etablierung des Dritten Reiches begünstigten, aber nicht die *Gründe*, die es herbeiführten. Diese spiegeln sich beispielsweise eher in der Tatsache wider, dass die nationalsozialistische Bewegung mit ihren Phrasen und Parolen bereits Ende der zwanziger Jahre die absolute Mehrheit unter den Studenten hatte – also im Geistesleben der Nation:

> Es laufen Menschen herum, die das Weltall nicht mehr als etwas Geistig-Göttliches erleben können und es nur irdisch wahrnehmen, seelenlos gewordene Menschen, die mit Rechenmaschinen statt mit Gedanken umgehen. Automaten, und als Automaten werden sie benutzt.
> So ist es gekommen, daß man die Kriegsmaschinerie in Betrieb setzte, Konzentrationslager füllte und durch Vergasungen leerte. (Steffen 1986, 23)

Der Mensch, der nicht das Gute vertritt, gewährt dem Bösen Einlass. Das Nicht-Handeln ist eben nicht ein neutrales Sich-Raushalten, sondern durchaus ein Handeln – ein Handeln *für* das Nichts. In dem Buch: „Krisis, Katharsis, Therapie im Geistesleben der Gegenwart" hat Steffen 1944 aufgezeigt, wie über Jahrzehnte hinweg das Geistesleben in Deutschland (aber auch in der übrigen Welt!) systematisch versumpft und verrottet, die Kultur völlig pervertiert ist. Seit seiner ersten essayistischen Veröffentlichung „Die Krisis im Leben des Künstlers" (1922) hat er fortwährend daran gearbeitet, die Schäden der Zivilisation sichtbar zu machen, es aber nicht bei der Diagnose belassen, sondern Lösungen angeboten. Noch im Jahre 1933 publizierte er Aufsätze unter dem Titel „Goethes Geistgestalt", in denen er Goethes Geistesart als ein zu erreichendes Ideal in den Gegensatz zur damals aktuellen Situation setzte. Öffentlich prangerte er Hitler und sein System an, welche die drei Grundübel der Menschheit verkörpern: Tier, Tyrann, Tod. Als der Zweite Weltkrieg dann vorbei war, sagte er erneut offen, was er sieht: Den Zweiten Weltkrieg nicht als Ende einer dekadenten Epoche, sondern als Anfang eines *anhaltenden* Niederganges (vgl. Steffen 1945, 235). Ließ sich vor diesem Weltkrieg noch mahnen, noch die Umkehr beschwören, so spricht Steffen jetzt ganz deutlich von einem Überschreiten einer Schwelle:

> Noch in keiner Zeit hat die Menschheit den Tod in einem solchen Ausmaß erfahren wie heute, und dies nicht nur von außen gesehen, als Krieg mit allen seinen Folgen, Hunger, Entartung und Seuchen, sondern auch als Ersterben der schöpferischen Fähigkeiten, als toten Intellekt, der nur noch das abgestorbene Sein zu erfassen vermag, als tötende Technik [...]. (Steffen 1945, 221)

Nicht weil er eine theatralische Sprache bevorzugt, hat er diese Formulierungen gewählt, sondern weil er wusste, dass die Menschen in einer „Entscheidungszeit" (Bühler 1946) leben, in der es um „Alles oder Nichts" geht. Um dies nachvollziehen zu können, muss der Mensch die „Besonderheit" des Zweiten Weltkrieges erkennen, die in der Tatsache liegt, dass es kein Krieg mehr nach *menschlichen* Maßstäben war. Es war der Weg ins Chaos, in dem die Prinzipien der Humanität sich auflösten. Das gesamte System des Dritten Reiches verleugnete die *Idee der Menschheit*, was sich vor allem in der *bewusst* angestrebten Ausrottung der Juden („Nürnberger Rassegesetze" und „Wannsee-Konferenz") und der Vernichtung so genannten „lebensunwerten Lebens" äußerte („Euthanasie"-Gesetze).

Es muss ebenfalls als Symptom gewertet werden, dass Hitler schon zu Beginn der zwanziger Jahre Rudolf Steiner öffentlich in rechtsradikalen Zeitschriften verleumdete und Steiners Name auf einer Liste von Menschen stand, die in nächster Zeit zum „Wohle des Volkes" ermordet werden sollten (so wie diese Liste „abgearbeitet" wurde, fanden auch Mordanschläge auf Steiner statt, denen er jedoch entgehen konnte). Steiner hatte sich seit Jahrzehnten gegen das Nationalistische gewandt und war für die Freiheit der Menschen eingetreten, doch wurde er belächelt, verhöhnt und bekämpft; stattdessen zählten: „Gemeinheit und Kleinlichkeit, [...] Niedertracht des Alltags, [...] Verrat der Bevölkerung, [...] Gelegenheitsmacherei und Kuppelei, [...] Verseuchung und Verschleppung, [...] das jämmerliche Ablisten des kleinsten Vorteils [...]." (Steffen 1945, 65) Es genügt nicht den Holocaust niemals vergessen zu wollen, denn was – so muss gefragt werden – trägt das (passive) Bewahren der Erinnerung dazu bei, dass sich solch eine Barbarei tatsächlich nicht mehr wiederholt? Wäre es nicht sinnvoller, nachdem die wahren Gründe, welche das Unheil herbeigeführt haben, aufgezeigt wurden, aktiv zu werden und aus den Fehlern zu lernen? Noch 1957 wurde exakt dies als Aufgabe der Literatur gesehen:

> [...] daß der Mensch dem Bösen nur entgegentreten kann, wenn er darum weiß, wo diese Mächte hausen, daß er nur aus sich selber heraus diese Gefahren meistern kann, wenn er allen Mächten die Feindschaft ansagt, die ihn in seiner Freiheit bedrohen, [...] und wenn er sich bewußt ist, daß seine Angelegenheit, die er vertritt, die der Gemeinschaft sein muß. (Grabert, 428)

Doch ohne konkretes Konzept blieb es bei diesem frommen Wunsch, der alsbald in Vergessenheit geriet. Die Chance, nach dem Chaos einen Neuanfang zu wagen und eine Therapeutische Dichtung zu etablieren, wurde vertan.

Mittels jener „Abbreviatur des Schicksals" überzeugen sich Ernst, Esther, Dr. Brugger, dass Selbsterkenntnis der Ausgangspunkt wahrer Gemeinschaft ist. Dies wird im Roman daran weiter verdeutlicht, dass Ernst konkret von eigenen Geist-Erlebnissen berichtet. Er ist in der Lage sich in den Geistwelten zu bewegen: „Durch die lange Erkenntnisübung [...] war Ernst der Blick in den Kosmos hinein, zu Sonne, Mond und Sternen wesenserfüllt geworden." (368) Im Gegensatz zu Makarie in Goethes „Wanderjahren" kann er seinen Beruf (weiter) ausüben, niemand merkt ihm an, dass er nicht nur die materielle Welt sieht. Während sich zudem Makarie nie sicher sein kann, in den Visionen, die sie hat, immer die Wahrheit zu erblicken, hat Ernst hingegen durch die Schulung das Vermögen erlangt, Wahrheit von Phantasie und Illusion zu unterscheiden.

Dies hervorzuheben war Steffen wichtig, weil hier die Grenze zwischen Seriosität und Scharlatanerie liegt.[2] Wo der gesunde Menschenverstand als Basis verlassen wird, sind zwei Abirrungen möglich: „[...] einerseits ein fanatischer Autoritätsglaube [...], andererseits eine eigenwillige Neigung zum Visionären." (Steffen 1945, 253) Deshalb betont Steffen: „Übersinnliche Erfahrung, die zugleich Geisteswissenschaft ist, muß so exakt errungen werden, wie eine physisch-sinnliche der Naturwissenschaft." (ebenda, 206)

Als Ergebnis dieser Ausführungen ergibt sich, dass bei den folgenden Kapiteln – das nächste beschäftigt sich mit der Pädagogik und ihrer Erweiterung zur Heilpädagogik – Aspekte berücksichtigt werden können, die sich nicht länger den Vorwurf gefallen lassen müssen, unwissenschaftlich zu sein, sondern vielmehr weitere grundlegende Bausteine im Konzept der Therapeutischen Dichtung sind.

---

[2] „Natürlich ist es möglich, daß ein Mensch übersinnliche Erfahrung haben kann, ohne Anthroposophie zu kennen. [...] Aber eine eigentliche Wissenschaft von der geistigen Welt gibt es in der heutigen Zivilisation trotzdem nicht, und die Geistesforschung als solche erfährt daselbst noch keine Pflege." (Steffen 1945, 206)

3. Die Kunst der Therapeutischen Dichtung

3.1 Denken, Fühlen, Wollen – 3 Bereiche der Seele

> Der Dichter muß, gerade wie der Erzieher, auch die Wachstums- und Entwickelungsgesetze auf das gründlichste studieren. Die Erziehung des Menschengeschlechtes ist sein großes Ziel [...]. Er wird aber nur erziehen können, insofern er sich selbst erzieht und sich derart ein Organ heranbildet, um die Menschen in ihrer Entwicklung zu beobachten, zu erkennen und zu fördern. (Steffen 1951, 324)

Dieses Zitat sei deshalb an den Anfang gestellt, weil es – auch und gerade für den Therapeuten – als Hinweis dafür dient, die nachfolgende physiologisch-psychologische Darstellung nicht leichtfertig zu betrachten, ja ähnlich wie beim 1. Kapitel es womöglich überblättern zu wollen; es handelt sich vielmehr um Ausführungen zum grundlegenden Verständnis des seelischen Anteils des Menschen.

Goethe beschreibt hier bestimmte Heilgebärden in Zusammenhang mit einer Ehrfurchtlehre wie folgt:

1. Die erste Gebärde mit der 1. Ehrfurcht (vor dem, was über uns ist)
2. Die zweite Gebärde mit der 2. Ehrfurcht (vor dem, was unter uns ist)
3. Die dritte Gebärde mit der 3. Ehrfurcht (vor dem, was neben uns ist)

Klünker (1987) nimmt die physiologischen Wirkungen der Gebärden mit nachstehender Zuordnung vor:

1. Die erste Gebärde bringt das rhythmische Element zum Ausdruck, was sich körperlich in einer Betonung des Brustbereiches während der gesamten Ausführung der „Übung" widerspiegelt.
2. Bei der zweiten Gebärde wird die Hüft- und Bauchgegend betont und dadurch Ruhe ausgedrückt.
3. In der dritten Gebärde kommt es zu einer Betonung des Kopfes, „und es stellt sich ein allgemeiner Ausgleich mit einem Gefühl der Befreiung ein; gleichsam in der Mitte zwischen Himmel und Erde steht der "Grüßende" nun in seiner gewohnten Körperhaltung." (95)

Bezüglich dieser Dreigliedrigkeit des menschlichen Leibes sieht Klünker die Möglichkeit gegeben, die naturwissenschaftlichen Schriften Goethes als Interpretationshilfe zu verwenden. Goethe versuchte nämlich in seiner Schrift „Allgemeine Einleitung in die vergleichende Anatomie" (1820), eine Verbindung zwischen Anatomie und der von ihm entwickelten Gestaltlehre (Morphologie) herzustellen:

> Alle einigermaßen entwickelten Geschöpfe zeigen schon am äußeren Gebäude drei Hauptabteilungen. [...]. Diese drei Teile sind das Haupt, der Mittel- und Hinterteil [...]. Wenn wir die Teile genau kennen und betrachten, so werden wir finden, daß die Mannigfaltigkeit der Gestalt daher entspringt, daß diesem oder jenem Teil ein Übergewicht über die anderen zugestanden ist. (HA, Bd. 13, 174 ff.)

Jedoch gilt es sich zu erinnern (vgl. Kapitel 1.4 und 1.5): Richtig sind Goethes Anschauungen bezüglich des niederen Organischen –, zu falschen Resultaten führen die von ihm gewonnenen Ergebnisse, wenn es sich darum handelt, den Menschen zu erfassen.

Die Frage, ob und wie das Problem der Zuordnung zu lösen ist, hängt also entschieden von der Einsicht in die menschliche Anatomie im Verhältnis zur Psychologie ab. In seiner Schrift „Von Seelenrätseln" hat Rudolf Steiner (1993) die Beziehung zwischen Physiologie und Psychologie aufgezeigt, welche im Folgenden erläutert werden soll, um sie dann auf das Problem der Gebärden im Zusammenhang mit den Ehrfurchten anzuwenden:

Steiner unterscheidet drei seelische Tätigkeiten des Menschen, und zwar Fühlen, Denken (Vorstellen i. e. S.) und Wollen. Obgleich alle drei Tätigkeiten den gesamten Körper des Menschen durchdringen, offenbaren sie sich doch physiologisch an besonders prägnanten Stellen.[3] Im Kopfbereich, wo das Zentrum der Nervensysteme und die Sinnesorgane sich befinden, ist der Sitz des Vorstellens. Die Glieder und Stoffwechsel-/ Verdauungsprozesse sind eng mit dem Willen verknüpft. Das Brustsystem, die Ein- und Ausatmung wie auch der Blutkreislauf, hängt mit dem Fühlen zusammen. Entsprechend kann eine Einteilung in einen oberen, mittleren und unteren Menschen erfolgen. Die Eigenschaft des oberen Menschen, in dem sich das Denken offenbart, ist das Ruhen. Das Gehirn ist in das Gehirnwasser eingebettet, wodurch die Bewegungen des physischen Körpers neutralisiert werden. Der untere Mensch zeichnet sich durch Aktivität aus, hier wirkt der Wille in der unaufhörlichen Bewegung des Stoffwechselsystems und der Gliedmaßen; das Wollen wird sichtbar in physischer Bewegung. Der mittlere Mensch schafft den Ausgleich zwischen Ruhe (des Denkens) und Handeln (des

---

[3] Die Dreigliederung des Menschen darf nicht mechanisch betrachtet werden: „Vor allem ist scharf ins Auge zu fassen das Verhältnis von Nerventätigkeit, Atmungsrhythmus und Stoffwechseltätigkeit. Denn diese Tätigkeitsformen liegen nicht neben-, sondern *ineinander*, durchdringen sich, gehen ineinander über. Stoffwechseltätigkeit ist im ganzen Organismus vorhanden, sie durchdringt die Organe des Rhythmus und diejenigen der Nerventätigkeit. (Steiner 1993, 156)

Willens) durch den Rhythmus. Dies wird an der Tatsache deutlich, dass der Vorgang des Atmens und die Zirkulation des Blutes zwar im Bereich des (unbewussten) Handelns liegen, diese aber (im Leben!) niemals eine Erschöpfung erfahren, wodurch die Bewegung den Eindruck von Gleichmäßigkeit erweckt, eben einen Rhythmus herstellt.

Demgemäß ergibt sich folgender Unterschied zu Goethe bzw. Klünker:

	Goethe/ Klünker	Steiner
Kopfbereich	Denken als Vermittler	Denken – Ruhe
Brustbereich	Rhythmus	Fühlen – Rhythmus
Hüft-/ Bauch-bereich	Ruhe	Willen – Aktivität

Im Denken *nicht* das verbindende Element der Seeleneigenschaften zu haben, konnte Goethe nicht erkennen, da er zwar instinktiv einen Zusammenhang ahnte, seine „anschauende Urteilskraft" jedoch nicht ausreichte, um diesen vollständig zu erfassen. Dies ist kein Vorwurf an Goethe, denn immerhin erklärte Steiner zu den hier präsentierten Ergebnissen der Differenzierung der Seeleneigenschaften: „Ich darf wohl sagen, daß ich damit die Ergebnisse einer dreißig Jahre währenden geisteswissenschaftlichen Forschung verzeichne. (1993, 150)

Als Fazit zur Beziehung zwischen Gebärde, Physis und Ehrfurchtslehre ergibt sich das folgende Schema:

Gebärde	Seeleneigenschaft	Leibliche Grundlage	Ehrfurcht
Erste	Vorstellen – Ruhe	Kopf	vor dem, was über uns ist
Zweite	Wille – Aktivität	Stoffwechsel	vor dem, was unter uns ist
Dritte	Fühlen – Rhythmus	Brust	vor dem, was neben uns ist

Um nachzuweisen, dass dieses System nicht die Aufpfropfung Steiner'scher Ideen auf Goethes Dichtung ist, sondern von diesem (Goethe) wirklich selbst so beabsichtigt, aber nicht ausgeführt werden konnte, dient beispielhaft die genaue Betrachtung der zweiten Gebärde, von der Klünker einerseits behauptet, sie drücke Ruhe aus und dann selbst andererseits bemerkt: „Von entscheidender Bedeutung ist, daß diese Stellung im Unterschied zur ersten Gebärde nur mit einer gewissen Anstrengung eingenommen und beibehalten werden kann; sie erhält sich nicht gleichsam von selbst." (93-94) Das Erleben dieser Gebärde macht deutlich, dass sie nicht Ruhe bewirkt, wie sogar Goethe betont: „Man wird bis zu einem bestimmten Grad einer widerstrebenden und unangenehmen Empfindung ausgesetzt." (94)
Der Zwang des Ausharrens und die damit verbundene Handlungs- und Bewegungsunfreiheit ist eindeutig auf willentliche Anstrengung zurückzuführen, weshalb die Übenden auch alsbald aus dieser Haltung entlassen und befreit werden. Wäre es wirklich *Ruhe*, die sich hier widerspiegelte, so wäre es ein angenehmer Zustand, den die Zöglinge von selbst einnähmen und aufrechterhalten wollten. Es ist aber gerade eine Unruhe, die

vorherrscht und nur unter Zwang „beruhigt" werden kann; folglich entspricht die 2. Gebärde dem die Aktivität widerspiegelnden Willen. Tatsächliche Ruhe findet sich nur in den sich ewiglich selbst tragenden Begriffen – dem Denken.

Diese herausgearbeiteten Erkenntnisse können damit als gesicherte Basis für die späteren Kapitel verwendet werden, die sich mit den Religionsformen und Ehrfurchten auseinander setzen. Im Folgenden soll jedoch zunächst ein Vergleich zu Steffens Darstellungsform der „Pädagogischen Provinz" vorgenommen werden, weil sich – indem er die Kinder auch „Gebärden" machen lässt – dies nahtlos an das eben Beschriebene anreiht.

3.2 Der therapeutische Dichter – Teil 2

Parallel zu den „Wanderjahren" wird die Pädagogische Provinz, für die Steffen die Bezeichnung „Keimstätte des Geistes" verwendet, dem Leser durch eine Führung vorgestellt. Hier sind es die Künstler Esther und Ernst, die sich während eines Rundganges über das gesamte Schulgelände als neu angestellte Lehrer einen ersten Eindruck von der Methodik verschaffen sollen. Die Führung übernimmt der Institutsleiter Dr. Brugger. Nach einem Gespräch mit einem Pächter erreichen sie zwei Kindergruppen, die sich auf den ersten Blick seltsam bewegen:

> Die erste Schar schlug mit den Armen wie mit Flügeln um sich. Sie warf plötzlich die Hände empor und senkte sie jählings wieder hinunter. Das mußten alle Kinder immer behender, eilfertiger und blitzhafter tun. [...] Als sie dann ruhten, lagen sie behaglich

im Grase, während die andere Abteilung, die sich inzwischen herumgezickelt hatte, an die Reihe kam. (20)

Was wie Spielen oder ausgelassenes Toben aussieht, sind in Wirklichkeit Übungen, deren Ziel und Sinn Dr. Brugger erklärt: Die Kinder weisen Anomalien (Stichwort: ADHS) auf, denen dadurch entgegen gewirkt werden soll:

> Dieses Zappeln zur Tatenflucht, jenes eintönige, sich immer wiederholende, traumhaft rhythmische Vorsichhinsummen zu fixen Ideen. Jahrzehntelang hat man durch Drill und Turnübungen, die auf der Unkenntnis des heranwachsenden Organismus und nicht auf den seelischen Bedürfnissen der Kinder beruhen, diese zu halbwegs Verrückten veranlagt [...]. Ganze Generationen hat man derart zur Verhärtung oder Tobsucht prädestiniert. (21)

Wichtig sind die im weiteren Gespräch erfolgenden Hinweise auf die (geisteswissenschaftliche) Erkenntnis des menschlichen Organismus, denn nur durch sie ist es dem Lehrer möglich, die richtigen Übungen für den Schüler zusammenzustellen. Damit erweitert sich Pädagogik zur Heilpädagogik:

> Der Pädagoge liest die Erziehungsmaßnahmen an der Entwicklung des Kindes, seinem Geschick und Ungeschick, ab und bringt demgemäß den entsprechenden Unterrichtsstoff an es heran, um es zuletzt zur Selbsterziehung und so zur Welt- und Selbsterkenntnis zu führen. (Steffen 1951, 323)

Auch wenn Steffen im Verlauf des Romans noch den Unterricht und die Erziehung von gesunden Kindern behandelt, ist es sinnvoll, diese hier zu vernachlässigen und den Schwerpunkt auf die Heilpädagogik, die in dieser Form etwas gänzlich Neues ist, zu legen. Der Unterricht für die gesunden Kinder ist einfacher zu gestalten, weil dort gemäß der Entwicklung der Kindesnatur vorgegangen werden kann.[4] Etwas überspitzt ließe sich diese Methode zusammenfassen in die Worte: Bei den gesunden Kindern wirkt ihr Geistiges selbst erziehend –, Aufgabe des Lehrers ist es, das Wachstum und die Entwicklung des Kindes nicht zu stören *und* die Kräfte, die sich naturgemäß entfalten wollen, zu fördern.[5] Damit verbunden ist folgender Anspruch: „Der Erzieher [...] hat immer das Ziel des freien Menschen vor sich. Er muß deshalb selber ein freier Mensch geworden sein [...]." (Steffen 1944, 6) Um ein freier Mensch zu sein, muss der Erzieher sich vorher selbst erzogen haben! Dr. Brugger formuliert dies noch unmissverständlicher:

> Das Kind ist, mag es noch so pathologisch sein, immer auf dem Weg der Heilung, und eine Psychographie, wie man sagt, stimmt schon deshalb nicht, weil der Lehrer das Symptom durch seine Liebe zum Verschwinden bringen sollte. Die besten Heilmittel sind die Seelen der Menschen selber. [...] Der

---

[4] „Die auf anthroposophische Menschenerkenntnis begründete Erziehungs- und Unterrichtskunst will durch gesunde und harmonische Entwicklung des Physisch-Leiblichen dem Geistig-Seelischen die Möglichkeit geben, sich aus sich selbst heraus zu entfalten. Sie strebt danach, den Menschen derart in die Welt zu stellen, daß er zum richtigen Gebrauch seiner Freiheit gelangen kann. Sie liest von der Natur des Kindes ab, was diesem frommt." (Steffen 1983, 76)

[5] Es wäre möglich, dass manchem Leser durch die Kürze dieser Darstellung jene Methodik unwissenschaftlich erscheint – eine detaillierte Beschreibung mit entsprechender Widerlegung dieses (Vor)Urteils findet sich bei Steiner (1984a, 1990 a, 1992).

Mensch ist Arznei oder Gift, und er muß sich ein Gewissen daraus machen, wie er auf den anderen wirkt. Ein Kind ist in der Gegenwart des einen Erwachsenen anders als in der eines anderen. Wie oft wird es durch seinen so genannten Erzieher krank. (47-48)

Die Ablehnung, die jener vorgestellte Ansatz vielleicht unbewusst erfährt, beruht weniger auf der Unmöglichkeit des Beschriebenen, als auf der hohen Verantwortung, die der Lehrerberuf damit erfährt (das Gleiche gilt auch für den Therapeuten).[6] Der Lehrer ist nicht „neutraler Wissensvermittler", sondern Schicksalsbegleiter:

Der Lehrer hat die Aufgabe, den Weg in die Welt, aber nicht in das Buch zu weisen. Er, der meistens selber falsch erzogen worden ist, indem er seine Lebenskräfte durch den Intellekt, der die Pädagogik leitet, ertötete, muß sich durch Selbsterziehung zum Leben erwecken. (61)

Doch Steffen fordert von einem Lehrer *noch* mehr, wenn er im weiteren Verlauf zu den schwerstkranken Kindern vorstößt, die manchmal nur einen Laut von sich geben (oder nicht einmal dies vermögen). Der Lehrer dieser „Hilfsklasse" bekennt:

[...] ich weiß, daß die Leute denken, was nützt es. Aber wenn die Schöpfer des Menschengeschlechts nach Utilitätsprinzipien gehandelt hätten, so würde der Mensch niemals zu seinem aufrechten Gange,

---

[6] Der aufmerksame Leser möge sich an dieser Stelle selbst die Tragweite dessen, was das für die Verantwortung des Therapeutenberufes bedeutet, vor Augen führen.

zum Sprechen und Denken, zur Freiheit [...] gekommen sein. Wenn ich erreiche, daß ein Kind, und wären es nur wenige Laute, spricht, so tue ich, was die Götter taten. Nützt es auf der Erde nichts, so ist doch die Sprachgewalt im Menschen geweckt worden, und das ist eine Fähigkeit, die Wert im Weltall hat. (38-39)

Damit kommt der Anthroposophie eine Kulturaufgabe zu, weil sie erst das wissenschaftlich fundierte Motiv dafür liefern kann, sich solcher gerade in Anbetracht der materialistischen Gesinnung scheinbar hoffnungsloser Fälle überhaupt anzunehmen.

Die Frage lautet damit nicht länger, ob Steffen Utopien darstellt oder seine Beschreibungen profan-wissenschaftlich beweisbar sind: Ergründet werden muss vielmehr, warum die Menschen diese Erkenntnisse nicht umsetzen und anwenden? Eine dezidierte Antwort auf diese Frage wird in Kapitel 4 und 5 gegeben, vorläufig mag sich damit begnügt werden, dass diese Unterlassungen auf der Trägheit der Menschen basieren. Wenn Dr. Brugger in seiner Rede fordert: „Der Erziehung wegen muß es eine Lehrerbildung geben, welche Religion, Kunst und Wissenschaft wiederum vereinigt und umfaßt." (64), so erscheint das Ausmaß einer solchen Lehrerbildung heute noch vielen als zu umfangreich. Dass diese Forderung ein neues Verständnis des Lehrberufes erfordert mit enorm hohen Ansprüchen, soll gar nicht abgestritten werden –, in jenen hohen Ansprüchen aber einen Grund für die Undurchführbarkeit des Konzepts zu sehen, ist unstatthaft. Die Menschen werden sich, wenn sie konsequent wahr sein wollen, bequemen müssen, mit dem Begriff der Entwicklung auch die Fruchtbarmachung neuer Möglichkeiten zu implizieren: Was heute als undurchführbar gilt, kann bereits morgen erreicht werden. Was nötig ist, um die Aufgabe zu meistern, ist der Mut sie überhaupt erst einmal anzugehen.

Das Gleiche gilt für die Aufgabe des Therapeuten und Arztes: Auch dieser ist nicht länger bloß physischer Behandler, Kummerkasten oder Diagnosesteller, sondern aktiver Begleiter seiner Patienten, die aus sinnvoll-schicksalshaften Gründen den Weg zu ihm gefunden haben.

3.3 Der Sinn des Lebens

> Nicht das macht frei, daß wir nichts über uns anerkennen wollen, sondern eben, daß wir etwas verehren, das über uns ist; denn indem wir es verehren, heben wir uns zu ihm hinauf und legen durch unsere Anerkennung an den Tag, daß wir selber das Höhere in uns tragen und werth sind, seinesgleichen zu sein. (Goethe, Gespräche, Bd. 6, S. 28)

Um das Höhere in sich selbst zu erkennen, ist Selbsterkenntnis nötig, die wiederum erst im Verlaufe der Anwendung des Denkens entsteht. Daraus folgt: Das System der Ehrfurchten und der Religionsformen, wie es Goethe darstellt, darf nicht statisch betrachtet, es muss vielmehr ins Dynamische überführt werden. Seine Entwicklungs- und Metamorphose-Ideen bilden hierfür die Grundlagen.

Die erste beschriebene Ehrfurcht in der „Pädagogischen Provinz" bezieht sich auf das, was über uns ist, auf das Göttliche. Sie wird in Beziehung gesetzt zur ethnischen Religionsform. Dies passt insofern zusammen, als der Mensch auf dieser Entwicklungsstufe nicht über das Alltagsbewusstsein verfügt, wie es uns heute eigen ist: Der Mensch sieht sich als Teil der Natur, die wiederum Produkt der göttlichen Allmacht ist, die es zu verehren gilt.

Alles ist ihm nicht weiter zu hinterfragende Offenbarung des Göttlichen. (Selbst)Erkenntnis ist in diesem Zustand weder möglich noch nötig; es kann deshalb dieser Zustand des Menschen nicht als ein freier bezeichnet werden. Die „Gegenleistung" für jene Unfreiheit und Unbewusstheit ist ein für heutige Begriffe unvorstellbares Geborgenheits- und Zusammengehörigkeitsgefühl mit dem Urgrund des Seins – mit Gott.

Dementsprechend zeigt sich für die zweite Ehrfurcht („vor dem, was unter uns ist") und Gebärde in Beziehung zur zweiten Religionsform: Die Gebärde spiegelt den Willen, die Aktivität, wider und hat das Stoffwechselsystem zur leiblichen Grundlage. Der Ältere in den „Wanderjahren" erklärt, dass die korrespondierende Religionsform die philosophische genannt wird, weil der Mensch als Philosoph einen Mittelzustand zwischen Oben (Himmel) und Unten (Erde) herbeiführen soll. Die Formulierung „Ehrfurcht vor dem, was unter uns ist", stellt damit wiederum ein Entwicklungsziel dar, was nur verständlich wird, wenn die Ausgangsposition beachtet wird: Der in inniger Verbindung zu Gott stehende Mensch beginnt sich durch das zunehmend bewusste Denken (i.e. Philosophieren!) der Trennung zwischen Himmel und Erde bewusst zu werden. Er erhält dadurch das Gefühl, von Gott getrennt zu sein. Dieses Gefühl wird ihm Schmerz verursachen, weil er vorher nicht einfach an ein Zusammensein mit Gott *geglaubt*, sondern dieses *erlebt* hat. Ein Mensch, der dergestalt seine Umwelt wahrnimmt und dabei den Glauben an Gott verliert, wird in der letzten Konsequenz Materialist. Er findet nichts in der Natur, was ihm einen Rückschluss auf ein höheres (göttliches) Wesen gibt, vielmehr verlaufen die Vorgänge in der Welt und im Universum nach autonomen (Natur)Gesetzmäßigkeiten. Verfällt der Mensch dem Irrglauben, den Kosmos als eine große Maschine aufzufassen und betrachtet er seine Umwelt nur mathematisch-quantitativ, so schnürt er sich vom Göttlich-Geistigen ab. Sein Intellekt wendet sich dann zum Negativen, denn das Gefühl überfällt ihn: Wenn nichts einen Sinn hat, ich das Göttliche mit meinem Verstande nicht erkennen kann, es also kein Göttliches gibt, dann sind die Menschen das Resultat mechanisch-chemischer Kräfte und damit ein Zufallsprodukt. Dieses Gefühl wird den Menschen darin bekräftigen, sich egoistisch zu verhalten, d.h. aus der kurzen Zeit, in der er als Mensch auf der Erde lebt, den größtmöglichen materiellen Nutzen zu ziehen. Mit seinem ungeläuterten Denken wird er Mittel und Wege finden, die ihm die Macht verschaffen, dieses Vorhaben umzusetzen. Wegen der Begrenztheit der auf der Welt zur Verfügung stehenden Ressourcen bei gleichzeitig unverminderter Gier nach Befriedigung der eigenen Wünsche, ist diese Lebensart nur auf Kosten anderer Menschen zu verwirklichen (die zum Verzicht gezwungen werden müssen). Mit steigendem Egoismus aber auch der anderen Menschen nimmt die Gefahr und Wahrscheinlichkeit zu, sich aus Machtmotiven gegenseitig zu vernichten.

Wer sich dies klar vor Augen stellt, wird erkennen, warum nun auf der zweiten Stufe der Wille ausgebildet werden soll (was aus anderer Sicht nochmals die untersuchte Zuordnung „Wille-Ruhe" aus Kapitel 3.1 als falsch bestätigt, denn gerade nicht um ein Verharren handelt es sich hier, sondern um die Entwicklung einer inneren Aktivität, welche den erreichten Status-quo nicht als Ziel betrachtet, sondern überwinden will): Es ist geradezu notwendig, jenen Mittelzustand zu erreichen, von dem der Ältere Wilhelm erzählt. Nur die Ausbildung der „Ehrfurcht vor dem, was unter uns ist" (den Geschöpfen der Welt und der Welt selbst) kann jenen Willen entfachen, das Denken nicht in zerstörerischer, sondern in aufbauender Weise zu verwenden. Der Gedanke der Metamorphose und Entwicklung ist es, der auch eine weitere Schwierigkeit bezüglich jener 2. Ehrfurcht auflöst, die in der Äußerung des Älteren gesehen wird, welcher das Leben

Christi als das eines „wahren Philosophen" anführt. Christus, so könnte man argumentieren, hat doch keine philosophischen Schriften wie Plato oder Aristoteles hinterlassen, wieso soll also gerade er ein wahrer Philosoph sein? Christus war der Erste, der oben beschriebene zu erreichende Mittelstellung in Vollendung erreicht hat. Als Sohn Gottes, der aus dem Himmel auf die Erde herabgestiegen ist und Mensch wurde, hat er den Fall ins Irdische nacherlebt. Er hat sich jedoch wieder aufgeschwungen, indem er den Verführungen des Satans in der Wüste widerstand (also nicht dem Materialismus verfiel) und so Himmel und Erde versöhnte. Verwendet man „philosophisch" in diesem Sinne, dann war/ ist Christus wirklich, wie der Ältere sagt, der einzig „wahre Philosoph". Als dieser hat Christus die zweite Religionsform in die dritte überführt, die er selbst inaugurierte: Die christliche.

Die christliche Religionsform korrespondiert mit der dritten Ehrfurcht „vor dem, was neben uns ist". Als seelische Eigenschaft steht die dritte Gebärde zum Fühlen, zum Rhythmus, in Beziehung und spiegelt dies auf leiblicher Grundlage im Brustsystem wider. Nachdem das Denken und der Wille ausgebildet wurden, soll nun das Fühlen entfaltet werden; inwiefern steht dies im Zusammenhang mit der christlichen Religion? Das Christentum des Neuen Testaments unterscheidet sich durch einen Hauptgedanken nicht nur vom Alten Testament, sondern von allen anderen Religionsformen, und das ist die Nächstenliebe. Christus hat von ihr in der Bergpredigt gesprochen, als er sagte:

> [...] so dir jemand einen Streich gibt auf deinen rechten Backen, dem biete den andern auch dar. [...] Liebet eure Feinde; segnet, die euch fluchen; tut wohl denen, die euch hassen; bittet für die, so euch beleidigen und verfolgen, auf daß ihr Kinder seid eures

Vaters im Himmel; denn er läßt seine Sonne aufgehen über die Bösen und über die Guten und läßt regnen über Gerechte und Ungerechte. (Matth 5, 39-45)

Weder das Denken, noch der Wille sind geeignet, den Impuls für das Prinzip der Nächstenliebe lebensgemäß in die Wirklichkeit einfließen zu lassen; dies kann nur das Fühlen. Denn wer nicht fühlt, dass es falsch ist, seinen Mitmenschen zu schädigen: wie soll es ihm bewiesen werden? Gerade der zunehmende Egoismus (der sich u.a. in brutalster Gewaltanwendung manifestiert) der Menschen macht deutlich, dass diesem nicht mit dem Willen (auf den durch Strafen versucht wird zu wirken) oder durch das Denken (Plädieren an die Vernunft) beizukommen ist. Allein das Fühlen kann den Impuls für einen Gesinnungswandel geben, indem sich der Mensch sagt: Der Mensch neben mir ist genauso ein Geschöpf Gottes wie ich. Und ich *fühle*, dass seine Lebensberechtigung genauso groß ist wie meine. Wenn Gott ihn (auch) geschaffen hat, so darf ich ihn nicht schädigen. Ich *fühle* das Unrecht, wenn ich es täte, ich könnte vor Gott nicht bestehen, wenn ich sein Werk missachte.

Aber auch dieses Fühlen, von dem Goethe spricht, darf ähnlich wie der obige Begriff des „Philosophischen" nicht in leichtfertiger Weise verwendet und dem profanen Fühlen, den Alltagsgefühlen, gleichgesetzt werden. Ein christliches Fühlen muss ausgebildet werden; dies allein ist der christlichen Religionsform adäquat. Ein von Nächstenliebe durchtränktes Fühlen, welches gegenwärtig bestenfalls im allgemeinen Anfangsstadium der Ausbildung begriffen ist. Aus diesem Grund hat Goethe auch darauf verzichtet, die vierte Ehrfurcht näher zu beschreiben, wohl wissend, dass diese erst in einer fernen Zukunft erfüllt werden wird und somit die ersten drei Ehrfurchten „nur" Vorbereitungsstufen darstellen, die es aber doch erst einmal *jetzt* zu erreichen gilt:

> »Zu welcher von diesen Religionen bekennt ihr euch denn insbesondere?« sagte Wilhelm. »Zu allen dreien«, erwiderten jene; »denn sie zusammen bringen eigentlich die wahre Religion hervor; aus diesen drei Ehrfurchten entspringt die oberste Ehrfurcht, die Ehrfurcht vor sich selbst, und jene entwickeln sich abermals aus dieser, so daß der Mensch zum Höchsten gelangt, was er zu erreichen fähig ist, daß er sich selbst für das Beste halten darf, was Gott und Natur hervorgebracht haben, ja, daß er auf dieser Höhe verweilen kann, ohne durch Dünkel und Selbstheit wieder ins Gemeine gezogen zu werden.« (160)

Interessant ist es, die bisherigen Ausführungen in Bezug zum (kirchlichen) Credo zu setzen, welches von der Goethe-Forschung als unvereinbar mit der von Goethe stammenden Zuordnung von Religionsformen und Ehrfurchtsstadien angesehen wird. Zur Verdeutlichung der folgenden Betrachtung sei jene Passage bezüglich des Credo zitiert:

> Hierauf versetzten jene: »Schon wird dieses Bekenntnis von einem großen Teil der Welt ausgesprochen, doch unbewußt.«
> »Wie denn und wo?« fragte Wilhelm. »Im Credo!« riefen jene laut; »denn der erste Artikel ist ethnisch und gehört allen Völkern; der zweite christlich, für die mit Leiden Kämpfenden und in Leiden Verherrlichten; der dritte zuletzt lehrt eine begeisterte Gemeinschaft der Heiligen [...]. (161)

Im Credo, dem Glaubensbekenntnis der Kirche also, lautet die Reihenfolge nicht wie bei Goethe (ethnisch, philosophisch, christlich), sondern: ethnisch, **christlich**, heilig. Die Lösung des

Problems ergibt sich, wenn die Eigenheit der Kirche beachtet wird: Sie sieht sich in ihrer Funktion stellvertretend in der Nachfolge Christi, so dass es für sie keinen Grund gibt, dass der Mensch selbst ein Verhältnis zu Gott bzw. Christus herstellt. Den Menschen tut es völlig Genüge, Mitglied der kirchlichen Gemeinde zu sein und dadurch der Gnade Gottes teilhaftig zu werden.

Diese Mittlerstellung der Kirche ist unantastbar und absolut. Eine Eigeninitiative, wie sie Goethe anspricht, d.h. ein Emporarbeiten des Menschen zu Christus – zar in der Gemeinschaft, doch als eigenständige Leistung –, lehnt die Kirche ab. Aus diesem Grund lässt sie die „philosophische" Stufe aus, die für sie gänzlich inakzeptabel ist. Sie will keine autonome Reflexion mit dem Ziel der von ihrer Institution unabhängigen Gottteilhaftigkeit, da es nicht dem Wesen des Menschen entspricht, etwas über „höhere Wahrheiten" selbstständig auszumachen; der Mensch, der so etwas begehrt, begeht mit diesem Wunsche schon Blasphemie. Stattdessen sollen Dogmen ohne Widerspruch akzeptiert werden (etwa das Infallibilitätsdogma von 1869/70, nach dem der Papst als so genannter „Stellvertreter Gottes auf Erden" in Entscheidungen bezüglich des Glaubens und der Sitte unfehlbar ist).[7] Aus Kirchensicht liegt in der Bibel das ultimative Wissen als Offenbarungswahrheit von Gott direkt

---

[7] Interessant ist in diesem Zusammenhang die Tatsache, dass die Behörde, welche die Inquisitionen leitete erst Mitte des 20. Jahrhunderts aufgelöst wurde. Dies heißt jedoch nicht, dass die katholische Kirche keine Institution mehr besitzt, um die „Reinerhaltung des Glaubens" zu beaufsichtigen! In der so genannten „Glaubenskongregation" wachen Kardinäle und Bischöfe als Ankläger, Verteidiger und Richter in Personalunion über das Verhalten ihrer „Mitglieder". Diese Art der Gerichtsbarkeit missachtet die Menschenrechte und findet sich sonst nur in totalitären Systemen –, eine insgesamt aufschlussreiche Tatsache, an der sich demonstrieren lässt, was die Kirche unter der Freiheit des Menschen versteht. (Köpke 2002, Röttger 2002).

eingegeben vor; dieses muss also „ausgelegt" werden und jede andere Erkenntnis ist nicht nur überflüssig, sondern „verführerisch" (im Sinne von: teuflisch).
Eine solche Auffassung zielt rein auf die Emotionen ab und ist der Neuzeit gegenüber nicht mehr angemessen. Wer so spricht, muss sich die Gegenfrage stellen lassen: „Wozu hat man seine Erkenntnisfähigkeit? Um sie zu entfalten oder um sie verkümmern zu lassen?" (Steffen 1939, 253)

Vor diesem Hintergrund ist das Credo und die goethesche Version zu beurteilen: Goethes Ehrfurchtslehre und die entsprechenden Religionsformen appellieren an den freien Menschengeist ausgebildet durch das Denken. Das Credo hat Gültigkeit für jene, die unbewusst bleiben wollen („»Schon wird dieses Bekenntnis von einem großen Teil der Welt ausgesprochen, doch unbewußt.«", 161). So ist es zu verstehen, wenn es im Roman weiter heißt: „[...] aus diesen drei Ehrfurchten entspringt die oberste Ehrfurcht, die Ehrfurcht vor sich selbst [...]." (160) Ehrfurcht vor sich selbst darf der Mensch, der sich selbstständig diese Welterkenntnis erarbeitet hat, haben! Er hat sich über die Selbsterkenntnis zur Wahrheit empor gerungen und *erkennt* nun Gottes Werk, das er vorher nur wie im Traum aufgefasst bzw. an das er nur geglaubt hat. Indem er dies vollbringt, erkennt er wiederum auch sich selbst, das Geschöpf Gottes; damit schließt sich der Kreis.

3.4 Schuld, Reue, Vergebung

Esther und Ernst suchen zusammen mit Dr. Brugger einen Arbeiter auf, um dessen Erlaubnis einzuholen, in seinem Haus Quartier zu beziehen. Sie finden den Arbeiter in einer Werk-

halle, in der geschmolzenes Eisen in einen Riesenkessel gegossen wird. Ernst bemerkt dabei zu Esther, dass ihn dies an das Feuerbad der Demeter erinnere, „in das diese das Königskind gelegt habe, um ihm Unsterblichkeit zu verleihen." (11) Als beide nun den Demeter-Hymnus zitieren, erleidet der Werkmeister einen Krampfanfall, wie er ihn vorher schon oftmals erfahren hat, was sich aber niemand erklären kann. Dieses Ereignis wird (zunächst) vergessen und nicht weiter behandelt. Ebenso verhält es sich mit dem Eindruck, den Esther und Ernst bei der Vorstellung der Lehrerschaft gewinnen und der darin gipfelt, in dieser Gemeinschaft keine Einheit zu sehen; Esther fragt Dr. Brugger: „Seid ihr Lehrer nicht eins?" (26)
Sämtliche Lehrer anerkennen offiziell und explizit die pädagogischen Forschungsergebnisse Rudolf Steiners und müssten somit in *einem* geistigen Sinne handeln –, tatsächlich hat Esther das Gefühl, jeder verfolge persönliche (Macht)Interessen, ja sie vermag sogar Feindschaft bei den einzelnen Lehrern untereinander/ gegeneinander auszumachen. Dr. Brugger bestätigt das: „Wenn wir uns mit den Kindern abgeben, ist alles gut. Wenn jedoch die Pädagogen unter einander sind und über ihre Erziehungsmethoden sprechen, gibt es unaufhörliche Zwistigkeiten." (26) Damit endet dieses Gespräch; Brugger will keine weitere Auskunft erteilen, um sie als neue Lehrer nicht zu beeinflussen. Sie sollen sich selbst ihr Urteil bilden.

Das Besondere an diesen beiden Passagen ist, dass sie auf den ersten Blick trivial und vor allem in keinem Zusammenhang stehend erscheinen. Jedoch ist es gerade ein dichterischer Kunstgriff Steffens, hier zwei Motive *keimhaft* angelegt zu haben, deren Entfaltung im Leben (im Roman) nun mitverfolgt werden kann, wodurch ein Verständnis des Entstehungsprozesses und die Funktionsweise von Konflikten ermöglicht wird: Gerade weil diese Ereignisse, die offensichtlich auf ein Problem hindeuten, nicht geklärt werden, „arbeiten" sie im Unbewussten weiter und treiben das Geschehen im fünften Kapitel zur Eskalation. Auf einmal brechen alte Feindschaften und unausgesprochene Vorwürfe und Missverständnisse, Sympathien und Antipathien mit ungeheurer Wucht hervor und verursachen für den unbefangenen Betrachter (aber nicht für den Leser, der um alles weiß!) ein Chaos von nicht nachvollziehbarem Ausmaße.

Konkret: Das Kind des zu Beginn erwähnten Arbeiters ist nach der Geburt gestorben, was der Mann den Behörden nicht gemeldet hat. Die Krampfanfälle, die er u.a. während des Gesprächs zwischen Ernst und Esther erlitt, sind die (unbewusste) Reaktion auf seine begangene Tat. Unerwartet wird nun bei Ausgrabungen zur Erweiterung des Bezirksgefängnisses eine Kinderleiche gefunden. Durch anonyme Briefe wird Dr. Brugger diskreditiert, bis sich das Arbeiterehepaar als Eltern des toten Kindes zu erkennen gibt, aber erst nachdem sie bereits von der Polizei in Untersuchungshaft gebracht wurden (ebenfalls mittels anonymer Hinweise). Die Umstände, die den Tod des Kindes herbeigeführt haben, sind tragisch: Die Eltern waren arbeitslos und nächtigten in Armenhäusern. Auf dem Weg zu einer Scheune setzte plötzlich die Geburt des Kindes ein, es war November und eiskalt. Das Kind lebte zwar, als es zur Welt kam, aber es war blau und wie gelähmt. Aller Rettungsversuche der Eltern zum Trotz starb es.

Die Anklage ändert sich durch dieses Geständnis der Eltern vom Mordvorwurf auf fahrlässige Tötung (für die Frau) beziehungsweise auf Anstiftung dazu (für den Mann), weil das Kind – so behauptet der Staatsanwalt – am Leben geblieben wäre, wenn der Mann seine hochschwangere Frau statt in die Scheune ins Dorf gebracht hätte. Gänzlich übergangen wird, dass sie ja von dort kamen und keine Unterkunft erhalten hatten, weshalb sie in ihrer Not jenen auswärts liegenden und ihnen einzig zugänglichen Ort aufsuchten. Die Gerichtsverhandlung nimmt plötzlich eine unerwartete Wendung, als eine ehemalige Insassin des Bezirksgefängnisses im Verhör gesteht, die anonymen Hinweise gegeben zu haben; ihr Motiv war Hass auf Brugger, der ihr Angebot, ein Liebesverhältnis mit ihr einzugehen, abgelehnt hatte. Dr. Brugger wiederum ist folgendermaßen in den Fall involviert: Die Frau des Arbeiters hat ihm das Verbrechen bei ihrer Einstellung als Putzfrau für die Schule gestanden; Brugger hat dies aber nicht bei der Polizei zur Anzeige gebracht (s.u.). Die ehemalige Insassin wusste davon, weil Brugger ihr – ohne Nennung von Namen, Ort und Jahr zwar – diesen Fall als Beispiel angeführt hatte, „um ihr so einen Weg in die soziale Gemeinschaft zu weisen. Ihr Instinkt hatte das Übrige erraten." (234)

Das Gericht spricht die Angeklagten letztendlich frei, weil den Eltern (aufgrund ihrer Armut und Rettungsversuche) keine Tötungsabsicht unterstellt werden kann; Dr. Brugger begründet sein Verhalten damit, die Frau durch sein gezeigtes Vertrauen vom Selbstmord abgehalten und in die Gesellschaft zurückgeführt („resozialisiert") zu haben. Die Richter heben hervor, dass sie das in den Verhandlungen zum Vorschein gekommene eindeutige Intrigenspiel anwidert, was insofern bedeutsam ist, als der weltliche Aspekt des Ereignisses nach der Urteilssprechung abgeschlossen ist, während ausgerechnet für die Lehrerschaft, die sich für so geistig fortgeschritten dünkt, der Fall gerade erst begonnen hat! Bereits im Vorfeld hatte Dr. Krites (auch ein Lehrer, wahrscheinlich der Stellvertreter Bruggers) die Entlassung der Arbeiterehefrau gefordert, weil die Gerüchte, die über sie verbreitet wurden, der Schule schaden könnten. Nach der Freisprechung ändert er seine Ansicht nicht, er ist vielmehr überzeugter denn je, die Schüler vor dieser Verbrecherin schützen zu müssen: Für ihn wirkt das Böse weiter – untergründig – und stellt eine Bedrohung für alle dar. Mit dieser Meinung spricht Dr. Krites den Menschen die Möglichkeit ab, sich zu bessern; die Gründe für ihr Tun interessieren ihn nicht, er fordert im alttestamentalischen Sinne Rache und Vergeltung. Der Freispruch

des Gerichts ist für ihn nur ein äußerlicher; es gibt eine „höhere Schuldigkeit" der Eltern.
Brugger hingegen vertritt eine eminent christliche Haltung, indem er auf das Christus-Wort hinweist: „Richtet nicht, auf das ihr nicht gerichtet werdet." (Matth 7, 1) Nicht sagt er also, dass Verbrechen nicht bestraft werden dürfen, sondern dass die Menschen sich nicht leichtfertig zum unbarmherzigen Richter über andere aufspielen sollen. *Dieses* Verhalten bezeichnet Brugger als selbstgerecht, doch Krites bleibt stur und weigert sich später sogar, den Adoptivsohn Bruggers weiter zu unterrichten, weil jener (so sein Empfinden) die Antipathien des Vaters widerspiegele und damit seine Autorität vor der Klasse untergrabe, ja durch seine innere Verweigerungshaltung jegliches Erziehen unmöglich mache.

Das von Steffen auf wenigen Seiten verdichtete Geschehen ist von hoher sozialer Brisanz. Wie ist es denn nun tatsächlich mit der Schuld, steht als Frage im Raum: Sind mit dem juristischen Freispruch die Eltern von aller Schuld befreit oder handelt Dr. Krites richtig, wenn er weitere Konsequenzen fordert? In einer „Abbreviatur des Schicksals" wird der Aspekt der Schuldigkeit anhand der Fußwaschungsszene des Christus urbildhaft behandelt:

> Christus wusch Judas ebenso wie den anderen Jüngern die Füße, obwohl er wußte, daß er von ihm verraten würde. Mit Füßen, die der Erlöser gereinigt hatte [...], ging Judas zu den Hohepriestern und empfing die dreißig Silberlinge. Nach der Preisgabe des Gottes, ach, bereute er und wollte sich selbst vernichten. Aber wenn Judas sich auch auf dem Blutacker erhängte, so ist doch eine Kraft in seinen Füßen, die Christus gewaschen hat, über das Grab hinausgeschritten, um ihm zur Wiederverkörperung zu

verhelfen, damit er, Judas, als ein neuer Mensch, der nicht verdammt bleibt, zurückkomme. (127-128)

Daraus ergibt sich zweierlei: Christus selbst hat denjenigen von der Erlösung nicht ausgeschlossen, der ihn verraten hat. Wer demnach wie Krites auf der Meinung beharrt, den Eltern niemals verzeihen zu können und sie aus der (Schul)Gemeinschaft ausstoßen will, hat das Christus-Ereignis nicht verstanden. Er steht auf einem vorchristlichen, genauer gesagt sogar auf einem antichristlichen Standpunkt: „Wenn jedoch die Prädemnatio nicht einmal für Judas gilt (auch wenn dieser selber an sie glauben sollte), wie denn für andere Menschen? Bleibt doch der Gottesmord, durch Judas geschehen, das größte Verbrechen in der Menschheitsgeschichte." (128) Was Krites unberücksichtigt lässt, ist die Möglichkeit der Entwicklung, welche durch die Reue eingeleitet wird:

> Reue entsteht erst, wenn das Ich sich in den Taten drinnen weiß und im Anschauen oder an den Folgen derselben aufwacht. Kommt der Mensch zu einem klaren Bewußtsein seiner Schuld, so erkennt er bald, daß er nicht nur den anderen, sondern sich selber Schaden zugefügt hat. Er hat einen Wert außer sich zerstört und einen in sich eingebüßt. (Steffen 1982 a, 114)

Im Roman stellt sich dies dadurch dar, dass sich die Mutter trotz des Freispruchs selbst nicht verzeiht und dem Irrglauben verfällt, ihr totes Kind könne ihr niemals vergeben. Als sich diese Vorwürfe zum Wahn zu steigern beginnen, ist der Punkt erreicht, an dem die Umkehr eingeleitet werden muss: Reue muss zur Heilung, nicht zur Selbstzerstörung führen, denn das Leben des toten Kindes wird ja nicht dadurch zurückgewonnen, dass sich die Mutter vernichtet. Auch würde jene Tat das Kind niemals mit Befriedigung erfüllen, wodurch deutlich wird, wie die Mutter selbst im alten Denken verfangen ist. Gleich Dr. Krites glaubt sie an eine ewige Verdammnis und hat die Christus-Tat nicht verstanden. Esther hingegen gibt zu bedenken: „Wenn euch Christus verzeiht, und das ist ganz gewiß, dann auch Ihr Kind, es ist ja bei Christus." (240) Dies markiert den von Steffen gezogenen Unterschied zwischen Alten und Neuen Testament, alten und neuen Bewusstsein, den es zu begreifen gilt und der auch von Goethe in seiner Ehrfurchtslehre betont wurde.

Dies zu verinnerlichen, ist für den Therapeuten unabdingbar, denn niemals darf er dem Fehler verfallen, Krankheit etwa durch vergangene Schuld erklären zu wollen. Auch gerät er durch seine exponierte Stellung oftmals in die Versuchung zu glauben, ein Therapeut oder Arzt „besiege die Krankheit" oder gar den Tod. Das tut er nicht. Er kann vielmehr Mittel und Taten anwenden, welche der Heilung eine Möglichkeit einräumen, damit sie stattfindet. Wieso jedoch manch Sterbenskranker noch einmal gesundet, während ein an sich Gesunder an einem banalen Bakterium stirbt, das steht auf einer ganz anderen Karte. Hier gilt es Bescheidenheit und Demut neu zu lernen: Eben Ehrfurcht im umfassenden Sinne!

Die Rätsel des Lebens sind vielfältig, nicht immer unergründlich, aber auf keinen Fall nach Schema F zu durchschauen (beliebtes Motto: Kennt man einen Patienten mit seiner Erkrankung, kennt man alle!).

4. Lebensfragen der Therapeutischen Dichtung

> Wie kann man sich selbst kennen lernen? Durch Betrachten niemals, wohl aber durch Handeln. Versuche deine Pflicht zu tun, und du weißt gleich, was an dir ist.
>
> Was aber ist deine Pflicht? Die Forderung des Tages. (HA, Bd. 8, 282)

Als Wilhelm seinen Sohn Felix in der „pädagogischen Provinz" unterbringt, erhält er die Gelegenheit, mit dem Ältesten der „Dreien" das Heiligtum des Bezirks zu betreten: Eine achteckige Halle, die mit Gemälden verziert ist. In den Bildern finden sich jene Religionen wieder, die er zuvor bei der Erläuterung der Gebärden und Ehrfurchtslehre kennengelernt hat; zudem sind in den Malereien alle wichtigen Ereignisse und Gestalten der Vergangenheit dargestellt. Als sie ans Ende der Galerie kommen, kann Wilhelm nicht verstehen, dass dies alles gewesen sein soll: Von dem „göttlichen Manne", von Christus Jesus, hat er kein Bild gesehen;
Goethe wollte dadurch zum Ausdruck bringen, dass Christus eine ganz besondere Stellung zukommt, die nicht mit anderen profanen historischen Ereignissen verglichen werden kann. Christus ist für alle Menschen gestorben und somit für die ganze Menschheit da, nicht für einige Wenige/ Einzelne. Indem ihn kein Volk für sich vereinnahmen kann, ist der Zugang für jeden Menschen zu seiner Lehre offen. Damit aber steht jeder Mensch als Einzelner Christus gegenüber. Durch dieses Zurückführen auf das Rein-Menschliche offenbart sich der wahre Charakter des Christentums: Christus kann von jeder Menschenseele unabhängig vom sozialen Status, von Geschlecht und Rasse gefunden werden. Der Mensch darf gewiss sein, von Christus im wahrsten Sinne des Wortes als Mensch angenommen zu werden.

Mit diesem Wissen steht Wilhelm an einer Erkenntnis-Schwelle und es ist dichterisch gelungen, dass Goethe ihn auch über eine solche in die nächste Galerie treten lässt. Die erste Galerie repräsentierte das Exoterische, die weltlichen Ereignisse –, das Esoterische wird hingegen in einem eigenen Raum aufbewahrt. Dort findet Wilhelm die Bilder des Neuen Testaments, allerdings nur bis zum Abendmahl dargestellt, was ihn verwundert: „Habt ihr denn auch, so wie ihr das Leben dieses göttlichen Mannes als Lehr- und Musterbild aufstellt, sein Leiden, seinen Tod gleichfalls als ein Vorbild erhabener Duldung herausgehoben?" (167) In der Antwort des Ältesten manifestiert sich das letzte Mal der Abstand zwischen kirchlich-dogmatischen und echten Christentum, wie es Goethe vorgestellt hat:

> Hieraus machen wir kein Geheimnis; aber wir ziehen einen Schleier über diese Leiden, eben weil wir sie so hoch verehren. Wir halten es für eine verdammungswürdige Frechheit, jenes Martergerüst und den daran leidenden Heiligen dem Anblick der Sonne auszusetzen, die ihr Angesicht verbarg, als eine ruchlose Welt ihr dies Schauspiel aufdrang, mit diesen tiefen Geheimnissen, in welchen die göttliche Tiefe des Leidens verborgen liegt, zu spielen, zu tändeln, zu verzieren und nicht eher zu ruhen, bis das Würdigste gemein und abgeschmackt erscheint. (167)

Ein historischer Beleg für die Richtigkeit dieser Aussage ist die Tatsache, dass der Christus bis ins sechste Jahrhundert aus Respekt und Ehrfurcht niemals als der Gekreuzigte abgebildet wurde. So ist es zu verstehen, warum sich Goethe von der durch die Kirche tradierten Form und Organisation des Christentums abwendete und abgestoßen fühlte:

> Sie wissen, wie ich das Christenthum achte, oder sie wissen es vielleicht auch nicht; wer ist denn noch heut zu Tage ein Christ, wie Christus ihn haben wollte? Ich allein vielleicht, ob ihr mich gleich für einen Heiden haltet. (Gespräche, Bd. 7, 295)

Gleichzeitig bestätigt er ausdrücklich die oben dargestellten Ergebnisse:

> Dadurch, daß der christlichen Kirche der Glaube beiwohnt, daß sie als Nachfolgerin Christi von der Last menschlicher Sünde befreien könne, ist sie eine sehr große Macht. Und sich in dieser Macht und diesem Ansehen zu erhalten und so das kirchliche Gebäude zu sichern, ist der christlichen Priesterschaft vorzügliches Augenmerk. (Gespräche, Bd. 8, 147)

Die Kirche ist eine Machtinstitution; sie hat sich diesen Status planmäßig sogar unter Anwendung brachialer Gewalt über Jahrhunderte hinweg erarbeitet, dabei stets vorgebend, im Sinne Christi zu handeln und sein Reich auf Erden vorzubereiten beziehungsweise umzusetzen, obwohl Christus selbst betont hat: „Mein Reich ist nicht von dieser Welt!" (Joh 18, 36) Indem Goethe den Ältesten so auftreten und reden lässt wie beschrieben, stellt er sich scheinbar außerhalb der christlichen Tradition. Tatsächlich jedoch vermittelt er eine Ahnung von dem wahren Christentum, das – basierend auf diesen Betrachtungen – nur ein mystisches sein kann in dem Sinne, dass es jeder Mensch in sich selbst erfahren muss (um es aber dann in die Welt hinauszutragen und dort anzuwenden). An *diese* Tradition knüpft Steffen an.

4.1 Woran soll und kann der Mensch noch glauben?

Als Reaktion auf sein Eintreten für das Arbeiterehepaar sieht sich Dr. Brugger plötzlich Verleumdungen und Verdächtigungen ausgesetzt, die so massiv sind, dass er Herzanfälle (Angina pectoris) erleidet. Steffen gibt dem Leser im weiteren Verlauf des Romans in Form von Abbreviaturen Einsicht in den Krankheitsprozess, hinter dem sich mehr verbirgt, als es zunächst den Anschein hat. Denn obwohl Brugger durch sein Verhalten zeigte, wie sehr er sich am Ideal des Christus orientiert, so schwierig ist es für ihn, dies in allen Lebenslagen zu praktizieren. Nun gelten seine Ratschläge nicht anderen, denen er beisteht, jetzt ist er selbst betroffen, jetzt ist *er* in der Rolle des Angeklagten. Gleichzeitig steht die verführerische Möglichkeit vor ihm, sich auch zum Richter zu erheben, und zwar über diejenigen, die ihn drangsalieren. Durch die Herzanfälle sieht sich Brugger unvermittelt in Grenzbereiche der Existenz geworfen, für ihn geht es jetzt um Alles oder Nichts: Er könnte als Schulleiter seine Gegner durch disziplinarische Maßnahmen in die Schranken verweisen –, aber exakt das tut er nicht. Die Subtilität jenes Problems lässt sich mit den Worten wiedergeben, die Ernst (mittlerweile werden auch er und seine Frau zur Zielscheibe der „Kritik", weil sie zu Brugger halten) für die Dichterschule so notierte:

> Gewiß, durch Zurückhauen käme man am schnellsten darüber weg. Aber das will der Kritikaster. Es tut ihm wohl, wenn er eins abbekommt. Dann kann er sich noch mehr verkeilen. Ihm macht die Prügelei Vergnügen; mir nicht. (275)

Dr. Brugger entscheidet sich dafür, sich nicht wie seine Kollegen zu verhalten:

Wer vernünftig ist, verteidigt sich nicht gegen sie, weil er hinter ihrer Feindseligkeit ein Dogma oder Anathema wirksam weiß. Sie haben meist von vornherein die Tendenz, den Gegner zu ‚erledigen', weil sie sein Wesen als solches verneinen. Sie möchten ihn verletzen, so daß er an seiner Wunde zugrunde geht, statt wie jeden Menschen zu fördern, zu heilen, zu retten. Sie sind von einem Vernichtungstrieb besessen [...]. (265-266)

In einer Rede, die Brugger vor dem Lehrerkollegium zu halten gedenkt, will er ein letztes Mal versuchen, den Streit zu schlichten und alles zum Guten zu wenden: „Wie tritt man [...] dem Haß, dem Hohn und der Verleumdung entgegen? – Mit dem Bilde ihrer selbst, das man vor sie hinhält." (254) Brugger hofft, indem er nicht anklagt, an das höhere Selbst seiner Kollegen zu appellieren. Da die Lehrerschaft die Forschungsergebnisse Rudolf Steiners kennt und überdies stets hervorgehoben hat, sie zu beherzigen, darf Brugger ernsthaft glauben, dass sie ehrlich und willens genug ist, in Selbstkritik zur Einsicht zu kommen. Wenn, wie es so oft betont wurde, ihre Gemeinschaft „auf nichts anderem als der Selbst- und Welterkenntnis begründet [ist]" (268), dann – so folgert er zu Recht – darf von „den Angehörigen einer solchen Gemeinschaft [..] vorausgesetzt werden, daß sich jeder selbst richtet, und von sich aus gutzumachen trachtet, was er Schlechtes getan hat." (268)

Als Brugger sich zu diesem Entschluss durchgerungen hat, fühlt er sich sogleich besser und erleichtert. Er hat damit den Abgrund, der sich in ihm als mögliche Verführung durch das Böse aufgetan hat, überwunden, indem er den Christus-Impuls in sich aufgenommen hat: „Es gibt nur eine Rettung, die Verwandlung des Intellekts, der dieses bewirkte, durch das Ich, das den Auferstandenen in sich aufgenommen hat." (Steffen 1986, 23) In diesen Worten liegt der Schlüssel zum Verständnis der Christus-Vorstellung, wie sie sich im Roman präsentiert: Es finden sich weniger Lehren, die befolgt werden sollen, sondern es wird auf die unmittelbare Beziehung hingewiesen, die der Mensch zu Christus eingehen kann und soll. Dies mag zunächst verwirren, weil sich die Kirche über Jahrhunderte hinweg als Vermittlerin zwischen Gott und dem Menschen dargestellt und den Glauben geschaffen hat, eine andere Verbindung als diese sei nicht möglich. Vor diesem Hintergrund muss es gesehen werden, wenn gerade die kirchlichen Anhänger und Würdenträger Rudolf Steiner als Sektierer verleumd(et)en, während er – im Gegensatz zu ihnen – eindeutig in seinem 1902 erschienen Buch „Das Christentum als mystische Tatsache" erklärte:

> Jesus ist der einzige Gottmensch geworden. In Jesus ist damit etwas *einmal* gegenwärtig gewesen, das dem Menschen als das größte Ideal erscheinen muß, mit dem er sich durch seine wiederholten Leben in der Zukunft immer mehr vereinigen soll. [...] Es gibt fortan nichts mehr zwischen der Persönlichkeit und dem unendlichen Gott. Man muß sich zu ihm in ein unmittelbares Verhältnis setzen. (Steiner 1989 a, 151)

In jenen Sätzen ist die Quintessenz der Christus-Vorstellung enthalten, wie sie Steffen durch die Hauptfiguren Brugger, Ernst und Esther repräsentieren lässt: Es ist das freiheitlichste Verhältnis, indem jedem Menschen die Möglichkeit eröffnet wird, den Weg zu Gott zu finden – von sich aus. Er braucht niemanden, der vermittelt, es hängt allein von dem eigenen Willen ab Christus zu finden.[8] Bruggers Christus-Erlebnis wird in seiner Tagebuchaufzeichnung in folgende Worte gekleidet:

> Es formt sich in mir eine Gestalt, und wie ich mich in sie versenke und sie begrüße, erkenne ich, daß es der Christus ist. [...] Ich muß mir vorstellen, was alles auf der Erde geschehen ist und was sich die Menschen angetan haben. Diese Gestalt zeigt es als Spiegel, der lebt. (377-378)

Klare Gedanken von einem klaren Bewusstsein sind es, die dieses Erlebnis begleiten und Brugger lebenskräftiger und lebensbejahender werden lassen. Er, der sein Werk, dem er sich über dreißig Jahre liebevoll gewidmet hat, aus Missgunst, Neid und Hass der Lehrerschaft zerstört vor sich sieht, findet die Kraft neu anzufangen. Ihm gelingt es sogar seinen Feinden zu verzeihen, er reicht ihnen zum Abschied die Hand. Dies vermag er nur, weil Christus einmal Mensch geworden, auf der Erde gestorben und dann auferstanden ist, d.h. den Tod besiegt hat. Christus hat damit gezeigt, „den Tod [...] nicht als Übel [zu] betrachten, sondern nur als Stufe zu einem höheren Leben." (251) Ein solches Christentum gehört nicht einer Kirche oder einer bestimmten Konfession, denn Christus ist „für alle Menschen gestorben und auferstanden [...] ohne Unterschied der Bekenntnisse, der Rassen, der Geschlechter [...]." (Steffen 1939, 274-275)
Jetzt wird auch verständlich, was der Älteste in den „Wanderjahren" zum Ausdruck bringen wollte, als er Wilhelm während

---

[8] Deutlich unterschieden werden muss hier zwischen dem Auffinden und dem Leben des Christus-Impulses: Während das Finden eine persönliche Angelegenheit ist, kann niemand im Sinne des Christus *leben*, ohne sich mit der Menschheit verbunden zu fühlen, denn Christus sagte: „Wenn zwei oder drei in meinem Namen vereinigt sind, dann bin ich mitten unter euch." (Matth 18, 20)

der Begehung der Galerie bezüglich der Lehre des Christus sagte: „Hier ist die lebendige Lehre ausgesprochen, die Lehre, die keinen Streit erregt; es ist keine Meinung über das, was Recht oder Unrecht ist; es ist das Rechte oder Unrechte unwidersprechlich selbst." (165)

Im Folgenden wird das ursprüngliche Wesen des Christentums noch tiefer beleuchtet, dabei unter Zuhilfenahme der Begriffe von Reinkarnation und Karma, die in keinem Widerspruch zur christlichen Lehre stehen.

4.2 Lebt der Mensch nur einmal? – Teil 1

Die gegenwärtig von der materialistischen Wissenschaft vertretene Vorstellung, des Menschen Leben sei wie das gesamte Universum ein Zufallsprodukt des „Big Bang", ist in seiner Form für den normal Denkenden und Empfindenden schier unerträglich: aus einem Nichts kommend, in ein Nichts wieder verschwindend. Dabei stellt der rein aus dem „Urknall" stammende Mensch mathematisch eine gigantische Unwahrscheinlichkeit dar: So unvorstellbar es ist, dass von selbst alle richtigen chemischen und physischen Kräfte exakt jene Konstellation erlangten, die zur Schaffung des Weltalls notwendig war, so unwahrscheinlich ist es, dass sich (daran noch anknüpfend!) aus einer „Ursuppe" ein Mensch entwickelt hat. Und doch soll einmal von jener Unwahrscheinlichkeit abgesehen und die Hypothese der gegenwärtigen Wissenschaft weiter verfolgt werden. Was wäre der Mensch in diesem Universum? Eine quantité négligeable! Es wäre völlig gleichgültig, ob er existiert oder nicht. In diesem Zusammenhang muss sich die weitere Frage gestellt werden, warum alle Geschöpfe der Erde einen Sinn und Zweck erfüllen in ihrer Anordnung, ja es kein Ding oder Wesen gibt, das als völlig nutzlos und überflüssig angesehen werden kann, und wie diese Sinnhaftigkeit mit der Vorstellung des Nichts als Anfangspunkt und Endziel einhergehen soll. Oder anders formuliert: Wenn alles sowieso aus dem Nichts stammt und in dieses zurückkehrt, warum herrscht dann auf der Welt nicht Chaos und warum ist der Mensch bestrebt, Ordnung und Harmonie herzustellen? Warum ist er z.B. selbst harmonisch aufgebaut? Es sind diese Fragen, die von der Wissenschaft nicht beantwortet werden, auf die aber die Menschen eine Antwort verlangen, denn sie behandeln die Urgründe des Seins. Statt sich also in „Urknall-Theorien" zu flüchten, müsste die materialistische Wissenschaft eingestehen, mit ihren Mitteln keinerlei Aufschluss über jene Gebiete geben und erlangen zu können:

> Das Wesen des Menschen kann [...] mit den heute maßgebenden, nur von der Sinnesbeobachtung ausgehenden Methoden nicht bestimmt werden. [...] Was aber kann Mathematik über Freiheit, Gott und Unsterblichkeit ausmachen? Und wie vermag sie die Unantastbarkeit und Würde des Menschen ohne Freiheit, Gott und Unsterblichkeit zu verbürgen? (Steffen 1979, 14)

Während die Ergebnisse der Fachwissenschaften in letzter Konsequenz seelenverödend sind und dem Menschen keinerlei Sinn vermitteln, ist die Wiederverkörperungsidee sinnstiftend und lebensbejahend. Ein Beweis dafür findet sich in der Tatsache, dass gerade die buddhistische Weltanschauung sich zunehmender Beliebtheit bei Angehörigen des „aufgeklärten Abendlandes" erfreut. Die Reinkarnation als eine ihrer zentralen Komponenten besitzt zwar als Ziel das Eingehen ins Nirwana, also wiederum ein Nichts, doch ist es diesmal verbunden mit unendlicher Glückseligkeit. Abgesehen von der Tatsache, dass die Reinkarnation damit eine ernst zu nehmende Alternative zum materialistisch-wissenschaftlichen Glaubensbekenntnis darstellt, soll nun der Frage nachgegangen werden, ob es nicht möglich ist, den Gedanken der Wiederverkörperung wissenschaftlich anstatt religiös zu behandeln? Diese Forderung, gleichsam mehr als eine Alternative zu der östlichen Weltanschauung (in all ihren Varianten), erfüllt die mitteleuropäische Wiederverkörperungsidee.

Ihre Existenz dürfte den wenigsten bekannt sein, dabei war sie zentrales Thema nicht nur der Romantiker, sondern auch der Klassiker noch vor knapp zweihundert Jahren zur Zeit des Idealismus in Deutschland. Namen wie Herder, Goethe, Schiller, Kleist und Novalis stehen stellvertretend für die Beschäftigung mit dem Gedanken der Reinkarnation fernab vom östlichen Einfluss. Es ist hier nicht die Aufgabe und Möglichkeit gegeben, eine Geschichte[9] des mitteleuropäischen Reinkarnationsgedanken zu zeichnen, es sollte diese Einführung nur einen Eindruck vermitteln, dass Reinkarnation einstmals ein Thema für ernst zu nehmende Menschen der deutschen Geistesgeschichte war. Wer sich also auf den Standpunkt stellt, eine Beschäftigung mit diesem Gebiet würde nur einer Mode folgen, beweist seine Unkenntnis; wer behauptet, es sei dies kein wissenschaftlich zu behandelndes Sujet, verfügt auf der einen Seite über eine fragwürdige Vorstellung von „der Wissenschaft" und erklärt nahezu alle Kulturträger (s.o.), auf die sich die Nation so stolz beruft, zu Narren.

Im Folgenden wird also der Wiederverkörperungsgedanke bei Goethe und Steffen untersucht.

---

[9] Eine solche findet sich bei Bock (1996).

4.3 Das Erwachen des Ich – Teil 1

Ein zentrales Ereignis der „Wanderjahre", das von der Goethe-Forschung übergangen wird, ist das Erlebnis Wilhelm Meisters auf der Sternenwarte: Als er auf dem hohen Turm zum ersten Mal ganz bewusst seinen Blick zum Himmel richtet, zeigt sich ihm die Größe des Universums, die sonst von Dunst, Nebel und Dächern bedeckt oder verdeckt wird. Darauf folgt ein Moment der Selbsterkenntnis: „Ergriffen und erstaunt hielt er sich beide Augen zu. Das Ungeheure hörte auf, erhaben zu sein, es überreicht unsre Fassungskraft, es droht, uns zu vernichten. »Was bin ich denn gegen das All?«" (121) Es ist bezeichnend für Goethe, dass er Wilhelm Meister diese Frage so formulieren lässt, denn was ist an der Antithese das Besondere? Die Antwort ergibt sich, wenn das Gedankenexperiment durchgeführt wird, sich einen Menschen mit der heutigen Gesinnung auf dem Turm zu denken. Was würde dieser sagen? Nichts! Der Mensch ist an dem Punkt angelangt, wo er verstummt: Die Neurowissenschaft spricht ihm ein Ich ab, erklärt den Menschen als ein mit Fleisch behangenes Knochengerüst, das physisch-chemischen Stoffwechselprozessen sein Leben verdankt, und für die Physik und Astronomie ist die Erde nur ein Planet unter vielen, der sich wie ein Sandkorn am Strand ausnimmt –, was soll der Mensch da noch sagen, wenn er ins Weltall sieht? Wilhelm Meister vermag noch zu sagen: „»Was bin ich denn gegen das All?«", d.h. er setzt sein Ich gegen die Welt, womit er sich seines Ichs bewusst zu werden versucht:

> Wie kann sich der Mensch gegen das Unendliche stellen, als wenn er alle geistigen Kräfte, die nach vielen Seiten hingezogen werden, in seinem Innersten, Tiefstem versammelt, wenn er sich fragt: »Darfst du dich in der Mitte dieser ewig lebendigen

> Ordnung auch nur denken, sobald sich nicht gleichfalls in dir ein beharrlich Bewegtes, um einen reinen Mittelpunkt kreisend, hervortut? Und selbst wenn es dir schwer würde, diesen Mittelpunkt in deinem Busen aufzufinden, so würdest du ihn daran erkennen, daß eine wohlwollende, wohltätige Wirkung von ihm ausgeht und von ihm Zeugnis gibt.« (121)

Diese irdisch-kosmische Verbindung ist es, auf die es ankommt und die Goethe gefühlt hat: Der Mensch steht nicht allein. Etwas von dem, was im Kosmos existiert, ist auch in ihm. Wie also kann der Mensch nur daran zweifeln, *nicht* wiedergeboren zu werden, wenn alles im Kosmos seinen Sinn hat, wenn er einen Teil des Ewigen in sich besitzt? Gefühlsmäßig hatte Goethe somit die Reinkarnation durchdrungen, wie es sich auch an der Figur der Makarie (s. Kapitel 3.3.2) zeigte, aber eine Erkenntnis war es ihm nicht. Es finden sich in den „Wanderjahren" keine weiteren expliziten Bezüge, die sich mit der Wiederverkörperungsidee verbinden lassen; in seinen Gesprächen und Briefen hingegen kommt er oft auf dieses Thema zu sprechen, darin bezeichnenderweise das zu Beginn dieses Kapitels Herausgestellte beweisend:

> [...] so zwingt uns doch eine innige Sehnsucht den Blick immer wieder zum Himmel zu erheben, weil ein unerklärbares tiefes Gefühl uns die Überzeugung gibt, daß wir Bürger jener Welten sind, die so geheimnißvoll über uns leuchten und wir einst dahin zurückkehren werden. (Gespräche, Bd. 3, 304-305)

Am 2. Mai 1824 bekennt er gegenüber Eckermann noch deutlicher:

»Wenn einer fünfundsiebzig Jahre alt ist,« fuhr er darauf mit großer Heiterkeit fort, »kann es nicht fehlen, daß er mitunter an den Tod denke. Mich läßt dieser Gedanke in völliger Ruhe, denn ich habe die feste Überzeugung, daß unser Geist ein Wesen ist ganz unzerstörbarer Natur, es ist ein fortwirkendes von Ewigkeit zu Ewigkeit, es ist der Sonne ähnlich, die blos unsern irdischen Augen unterzugehen scheint, die aber eigentlich nie untergeht, sondern unaufhörlich fortleuchtet.« (Gespräche, Bd. 5, 74)

Auf weitere Zitate Goethes wird verzichtet, seine Einstellung dürfte hinreichend deutlich geworden sein. Interessant ist es nun zu vergleichen, wie Steffen sein Wissen über die Wiederverkörperung dichterisch umsetzt.

4.4 Lebt der Mensch nur einmal? – Teil 2

Der Gedanke der wiederholten Erdenleben zieht sich als Leitmotiv durch Steffens gesamtes Buch (und Werk). An verschiedenen Stellen dient es dazu, Zusammenhänge der Gegenwart zu erhellen und die Sinnlosigkeit zu beheben, wie es an der Situation der Putzfrau (s. Kapitel 3.4) nochmals deutlich wird, die ihre eigene Tat nicht verstehen kann und dem Wahnsinn zu verfallen bzw. im Selbstmord zu enden droht. Esthers Aussage: „Auch ihr Kind hat ein Schicksal auszutragen. Das zeigt gerade dieses unselige Geschehen. Es selber hat ja dieses Los gesucht: solche Eltern, die arbeitslos waren, die in der Novembernacht kein Obdach fanden, die alle Lebenshoffnung verloren hatten [...]." (240), eröffnet eine völlige neue Perspektive der Betrachtung, jedoch nicht im leichtfertigen Sinne, indem etwa alles auf frühere Taten zurückgeführt wird, die im jetzigen Leben „ausgebadet" werden müssen (s. a. das nächste Kapitel).

Gerade das innere Ringen des Menschen mit der Idee der wiederholten Erdenleben versuchte Steffen deutlich zu machen: Reinkarnation ist eine Tatsache, die der Mensch *erleben* muss und die nicht – wie keine geistige Qualität in der Welt (Liebe, Sehnsucht etc.) – im herkömmlichen Sinne (mit Apparaten etc.) bewiesen werden kann. Deshalb theoretisiert Steffen nicht, sondern verwendet die Wiederverkörperungsidee so, dass ihre Wirkung auf die Menschen beschrieben wird, die sich für die einen (z.B. die Putzfrau, aber auch Brugger, Esther und Ernst) als fördernd und heilsam erweist, während andere (allen voran das Lehrerkollegium) diese Idee nicht als Grundlage für ihr Handeln betrachten wollen. Nur so ist die ablehnende Haltung zu begründen, als Brugger in dem Moment, in dem während seiner Rede die Situation im Lehrerzimmer eskaliert, zu bedenken gibt: „«Vielleicht waren wir in früheren Erdenleben größere Bösewichter.»" (235)
Mit diesem Satz will er an die Einsicht seiner Lehrerkollegen appellieren, die dem Arbeiterpaar das Recht auf Sühne absprechen und die Frau entlassen sehen wollen. Das Wichtige dabei ist, dass Brugger ihnen nicht unterstellt, tatsächlich schlechte Menschen im vorigen Leben gewesen zu sein, vielmehr will er es als Anregung verstanden wissen, die ein Hinterfragen des selbstgerechten Verhaltens und eine Selbstkorrektur bewirken soll. Denn unbestritten ist: Keiner der Lehrer hat das Recht, die Reue der Frau anzuzweifeln, ja sie ihr abzusprechen und sie für „ewig verdammenswert" zu halten; das ist selbstgerecht und anmaßend.

Indem Steffen den Starrsinn der Lehrer beschreibt, die – obwohl sie den Gedanken der Wiederverkörperung kennen! – ihr Verhalten nicht ändern und später nicht nur die Entlassung der Putzfrau, sondern auch die Dr. Bruggers fordern, zeigt er seinen Bezug zur Realität: Er weiß selbst, dass ein Einbeziehen dieses Gedankens in das alltägliche Leben einer noch fernen Zukunft angehört, ebenso wie es jetzt für die meisten unverständlich ist, nicht das eigentliche Christentum zu leben, wenn sie in die Kirche gehen. Der Mensch ist zu sehr in seiner Eitelkeit befangen, als dass er diese Wahrheiten sehen und akzeptieren will und da sie sich nicht materiell „beweisen" lassen, fällt es ihm umso leichter, sie zu ignorieren. Aus diesem Grund ist die unter Kapitel 2 beschriebene Selbsterkenntnis so wichtig, wie es sich an diesem Beispiel erneut zeigte, weil durch sie der Mensch freiwillig die Wahrheit annimmt, indem er sich ihr schrittweise nähert. So lernt er sie ertragen, sie wird ihm zur Stütze und er erlangt jene Gewissheit, die unabdingbar für ein lebensvolles Handeln ist, wie aus einem Brief Ernsts an einen Studenten hervorgeht:

> Mir ist klar geworden, wie wichtig es für den Schüler ist, ob ich diese Lebensauffassung annehme oder verwerfe. Sie ohne allen Grund abzulehnen, müßte mich verflachen und vergröbern, und ich würde eine solche seichte Untiefe bald im Betragen meiner Knaben und Mädchen abgespiegelt sehen. [...] Seitdem ich zur Gewißheit der Wiederverkörperung durchgedrungen bin, ist es mir ein heiliges Erlebnis geworden, das sich täglich in seiner Ursprünglichkeit erneuert, in der Schulstube vor der Schülerschar zu stehen. (73-74)

Ernst lehrt den Schülern die Tatsache der Reinkarnation also nicht explizit; das Bedeutsame seiner Zeilen liegt in dem Umstand, sich anders zur Welt zu stellen als vorher, aus einem freiem Entschluss sein Handeln geändert zu haben. Ein Lehrer, der die Gewissheit der Wiederverkörperung erlangt hat, erkennt, dass seine Erziehung der Kinder von weit reichender Wirkung ist, ja über den Tod hinaus reicht!

Insgesamt lässt sich daher für die dichterische Umsetzung des Wiederverkörperungsgedankens als Leitmotiv ein „abbreviaturischer" Charakter konstatieren, indem es Steffen weniger darauf ankam, Beweise für diese Idee zu sammeln oder gar den Leser zu überzeugen, als vielmehr ihn mit dem Gedanken bekannt zu machen. Dadurch, dass er Esther die Fähigkeit der Einsicht in die vergangenen Erdenleben zuteil werden lässt, als sie in einem Kloster nächtigen muss und dabei ein Rückerinnerungserlebnis erfährt, gilt:

> Die [...] Erkenntnisse der übersinnlichen Welten, vor allem über das Wesen der menschlichen Individualität, ihre Präexistenz und Postexistenz und über die wiederholten Erdenleben (Reinkarnation und Karma) gelten für alle Menschen, unabhängig von jeder Religion und Weltanschauung, von Rasse, Nation und Geschlecht. (Steffen 1979, 11-12)

Weil die Freiheit des Menschen unangetastet bleibt, kann Steffen aufbauend auf der Erkenntnis des Christentums festhalten: „Der Gedanke der Wiederverkörperung des menschlichen Geistes ist in diesem Sinne ein absolut christlicher." (1944, 106)

Es bleibt für das folgende Kapitel zu zeigen, inwiefern dies auch für den Begriff des Karma[10] gilt.

---

[10] In seinem grundlegenden Aufsatz „Reinkarnation und Karma, vom Standpunkte der modernen Naturwissenschaft notwendige Vorstellungen" führt Steiner zum Karma-Gesetz aus: „[...] alles, was ich in meinem gegenwärtigen Leben kann und tue, steht nicht abgesondert für sich da als Wunder, sondern

4.5 Das Erwachen des Ich – Teil 2

Als Wilhelm Meister die Sterne über sich erblickt, glaubt er, in ihnen das einzig Konstante zu sehen, während er als Mensch ständigen Veränderungen seines Wesens unterworfen ist. Er nimmt diese Beobachtung zum Anlass, sein Tun rückblickend zu beurteilen und stellt sich die Frage: „[...] wie verhältst du dich zu Tag und Stunde?<" (122) Plötzlich steigt in ihm sein Lebensziel auf: „Ich soll erforschen, was edle Seelen auseinander hält, soll Hindernisse wegräumen, von welcher Art sie auch seien." (122) So einfach dies in der Theorie klingt, so schwierig ist es, diese Erkenntnis im Leben umzusetzen. Denn ein Wissen um sämtliche Wirkungen, die von einem selbst und von den anderen Menschen ausgeht, bringt zahlreiche Probleme mit sich. Nicht nur, dass sich mit der Relativierung des Zeitbegriffs – Wirkungen nicht nur in diesem und für dieses Leben, sondern über den Tod hinaus und aus der Zeit vor der Geburt – eine gänzlich neue Betrachtung der Welt und der Stellung des Menschen innerhalb derselben ergibt, auch Begriffe wie Schuld und Urteil müssen neu überdacht werden (vgl. das vorige und die folgenden Kapitel!). Wilhelm fasst einen Teil jener Schwierigkeiten mit den Worten zusammen:

> Wer soll, wer kann aber auf sein vergangenes Leben zurückblicken, ohne gewissermaßen irre zu werden, da er meistens finden wird, daß sein Wollen richtig, sein Tun falsch, sein Begehren tadelhaft und sein Erlangen dennoch erwünscht gewesen? (122)

---

hängt als Wirkung mit den früheren Daseinsformen meiner Seele zusammen, und als Ursache mit den späteren." (1987 b, 87)

Es ergibt sich damit der Befund, nicht in dem Begriff des Karmas selbst eine Problematik zu sehen, sondern in dem Bewusstsein des Menschen, das in der gegenwärtigen Form die Konsequenzen dieser Erkenntnis nicht problemlos erträgt. Der „Alltagsmensch" liefe tatsächlich Gefahr irre zu werden, wenn er sich nur all jener Wirkungen bewusst würde, die allein von ihm ausgehen. Es verwundert deshalb nicht, wenn Goethe dieses Erlebnis für Wilhelm als „Episode" darstellt und ihn sein Ziel nicht bewusst umsetzen lässt.

Er sieht sich schlichtweg außerstande, zum einen diese neue Art des Bewusstseins bei Wilhelm zu beschreiben, zum anderen die Gesetzmäßigkeiten des Karmas darzustellen, weil er es – wie die Reinkarnation – nicht erkenntnisgemäß durchdrungen hat. Voreilig ist es allerdings, ihm die Kenntnis des Begriffs selbst abzusprechen, denn in seinen naturwissenschaftlichen Schriften hat er durchaus den Punkt erreicht, wo ihm die Notwendig- und Möglichkeit des Karmas klar wird: „Alle Wirkungen, von welcher Art sie seien, die wir in der Erfahrung bemerken, hängen auf die stetigste Weise zusammen, gehen in einander über; sie undulieren von der ersten bis zur letzten." (1982, Bd. 5, 293)

Indem Goethe mit seinen Forschungen an die Urphänomene des Geistigen (Reinkarnation und Karma) stößt, wird er aber gleichzeitig wieder mit den unerwünschten Schwierigkeiten und Gefahren der Selbsterkenntnis konfrontiert, denn der Begriff der (menschlichen) Freiheit ist unabdingbar mit dem Karma-Begriff verbunden; aus diesem Grund genügt Goethe die gefühlsmäßige Gewissheit:

> Was wär ein Gott, der nur von außen stieße,
> Im Kreis das All am Finger laufen ließe!
> Ihm ziemt's, die Welt im Innern zu bewegen,
> Natur in Sich, Sich in Natur zu hegen,
> So daß, was in Ihm lebt und webt und ist,

> Nie Seine Kraft, nie Seinen Geist vermißt.
> (BA, Bd. 1, 425)

So wie es Goethe aber doch anzurechnen ist, den Begriff des Karma – wie auch den der Reinkarnation (Makarie) – als Keim in die „Wanderjahre" eingebaut zu haben, so interessant ist es nun zu sehen, wie Steffen diese Wahrheit, die er erkenntnisgemäß durchdrungen hat, innerhalb seiner Dichtung verwendet.

4.6 Warum kann der Mensch böse sein?

Als sich die Lage in dem pädagogischen Institut immer weiter zuspitzt, erlebt Ernst einen Traum, der mehr ist, als das bloße Verarbeiten von Tageseindrücken. Durch seine Fortschritte in der Geistesschulung vermag er das normale Alltagsbewusstsein zu behalten, während es sonst in Träumen üblich ist, nur ein herabgedämpftes oder auch gar keines zu haben, so dass der geträumte Inhalt schlecht beziehungsweise überhaupt nicht erinnert wird. Ernst sieht sich in einer „Stadt voll zerlumpter Menschen, die planlos durch die Gassen liefen. Wer ruhig dasaß, schien vom Tod gezeichnet." (388) Er betritt mit Esther einen Dom, in dem sie ihrem verstorbenen Kind begegnen und eine Galerie entdecken. Diese zeigt wie in den „Wanderjahren" das Leben Christi, verschleiert aber dessen Leidensgeschichte nicht und bildet sogar seine Auferstehung ab:

> [...] daß der Gottessohn, der zum Menschensohn geworden war, auferstand. Er wußte auch, daß Christus für die ganze Menschheit, selbst für den größten Verbrecher, gestorben war und jeder an dem Paradies, das wiederum gewonnen war, teilhaben konnte [...]. (390)

Bisher konnte ein Leser des Romans den Eindruck gewinnen: Was dort beschrieben wird von der Selbst- und Welterkenntnis, von Freiheit und Christus, der für alle gestorben ist, und von der Wiedergeburt und der Wiedergutmachung klingt alles sehr aufschlussreich, aber warum gibt es dann noch immer so viel Elend auf der Welt? Müssten nicht alle Menschen gut sein? Warum gibt es das Böse? In seinem „Traum" erlebt Ernst exakt jenen Konflikt:

> Und dennoch, Ernst blickte wie gebannt, die Gottesmörder trugen immer noch die gleichen höhnenden, grinsenden, wutentbrannten Gesichter, sie erhoben die drohenden Fäuste und schwangen die Marterinstrumente. Waren sie dem Auferstandenem noch nicht begegnet? (390)

Nun gewinnt der „Traum" deutlich an Dramatik: „Und Ernst entsetzte sich noch mehr, denn er sah, daß sie die Züge seiner Feinde trugen, die doch mit zu den Erlösten zählten, wie er selbst, da Christus ja für ihn und sie, für jedermann gelitten hatte." (391) Hier taucht der oben angeführte und scheinbare Widerspruch selbst von Steffen angeführt auf, der sich sogar noch zu steigern scheint, indem er mit der Wiederverkörperungsidee verknüpft wird, weil die Gestalten von Ernst in ihrem Wandel durch die Zeiten mitverfolgt werden: „Und sie trugen die Kleider der Zeit, Keilhosen und Windjacken, so wie gerade die Mode war." (391) Was nun beginnt, wird für Ernst zum Albtraum:

> Plötzlich traten sie aus den Gemälden leibhaftig hervor. Da wurde ihm klar, daß sie sich rächen wollten, weil er sie zu Modellen benutzt hatte, um die Auswüchse des Bösen darzustellen. Und er spürte, ihre

> Rache verfolgte ihn über den Tod hinaus. Sie verdammten ihn, weil er sie verewigt hatte, [...] mit dunklem Auswurf, aus höllischer Wut. Zusammengerottet drangen sie auf ihn ein. (391)

Ernst durchlebt dies, nachdem er zuvor in einem offenen Brief das Verhalten seiner Lehrerkollegen angeprangert und sie zur Selbstbesinnung aufgerufen hat. Er wird an ihrem Verhalten gewahr, dass sie unbewusst sehr wohl um das eigene Unrecht wissen, denn sie hassen ihn dafür, dass er ihnen ihre Fehler vorgehalten und sie in den Texten, die er für die Dichterschule schrieb, verewigt hat. Als Ernst Esther von seinem Traum erzählt, antwortet sie sogleich: „Es ist Zeit, daß wir Urlaub nehmen, sonst geschieht ein Unglück." (391)

Inwiefern ist diese Passage geeignet, den obigen, sich auf den ersten Blick einstellenden, Widerspruch aufzulösen? Sie klärt das Problem, indem sie zwei unterschiedliche Ebenen unterscheidet, die voneinander getrennt werden müssen: Die Freiheit des Menschen, Gutes oder Böses tun zu dürfen –, und das Wirken des Bösen entstanden aus der Wahl des Menschen. Zusammenfassend bedeutet dies: Ist der Mensch ein freies Wesen, so muss er die Möglichkeit besitzen, sich gegen das Gute zu entscheiden und das Böse zu praktizieren; dies ist ein notwendiger Bestandteil des Freiheitsaktes: „Durch das Ich, das frei ist, erlangt er die Möglichkeit, das Gute zu tun oder zu unterlassen. Er kann dem Bösen Eingang gewähren." (Steffen 1945, 195-197) Eine andere Frage ist es natürlich, ob der Mensch deshalb, weil das Böse existiert, diesem notwendig verfallen muss? Vielmehr wird das Böse für den Menschen zu einem Prüfstein der Seele, ob sie sich zum Guten bekennen will oder nicht:

> Es handelt sich darum, daß der Mensch das Böse, das in ihm beständig in statu nascendi ist, abfängt,

wenn es sich als Neigung bemerkbar macht, so daß es nicht zum Triebe wird, der ihn überwältigt. Dazu gehört die Erkenntnis, daß er nicht von vornherein gut ist, sondern es erst durch einen frei gefaßten Entschluß werden kann. [...] Das heißt aber, sich nach den Gesetzmäßigkeiten richten, welche über den Tod hinausreichen: Nach den Entwicklungsbedingungen der unsterblichen Individualität, die durch die wiederholten Erdenleben geht. (381-382)

Indem die Lehrer ihre Erkenntnisfähigkeit nicht pflegen, sie sich wider besseren Wissens verhalten und das Gute nicht aktiv praktizieren wollen, unterstützen sie das Böse. Und dies ist ihre freie Entscheidung. Daran ändert auch nichts die Tatsache, dass Christus für die Menschheit gestorben ist –, wenn sich ein Mensch von Christus abwenden und ein liebevolles Miteinander nicht anstreben *will*, so muss er dies tun dürfen. Doch warum sind wir dann nicht alle bösartige Egoisten?

4.7 Liebe deinen Nächsten wie dich selbst!

Der Untertitel der „Wanderjahre" lautet „Die Entsagenden"; in dem Roman taucht der Lexemverband „Entsagenden, entsagen, entsagt" insgesamt neun Mal auf, wobei niemals exakt definiert wird, was darunter zu verstehen ist, so dass im Folgenden der Inhaltsseite dieses Begriffes nachgegangen werden soll. Ein Blick in ein beliebiges Wörterbuch fördert in der Regel „verzichten" als Synonym hervor und auch der Präsident der Goethe-Gesellschaft definierte in seiner Eröffnungsrede zur 75. Hauptversammlung Entsagung als: „die Zurücknahme eigener Möglichkeiten des sozialen Gemeinsinns wegen [...]." (Keller 1998, 15)

Ein derartiger Verzichts-Begriff erfordert vom Entsagenden selbst keine eigene (freiwillige) Aktivität oder Bereitschaft: Ein solcher Mensch entsagt, weil er sich dem „sozialen Gemeinsinn" beugt; eine Stelle im Roman, die jene Deutung belegt, hat Keller allerdings nicht angegeben. Sie ist auch nicht zu finden, denn das Gegenteil ist richtig: Sämtliche Personen treten ohne Zwang dem Weltbund bei (einige entscheiden sich ja auch, nicht nach Amerika überzusiedeln!) und erfüllen ihre Arbeit mit Freude. Von einer „Zurücknahme der Möglichkeiten", einem Verzicht, kann gar nicht die Rede sein. Auch ist Entsagung nicht negativ zu werten, denn niemandem geht es durch seinen Dienst in der Gemeinschaft schlechter als vorher. Vielmehr ist jeder froh, eine Möglichkeit gefunden zu haben, mit seiner Begabung nicht nur sich zu gefallen, sondern anderen nutzen und dadurch auch Anerkennung erlangen zu können. Diese völlige Verkennung des Begriffes der Entsagung führt entsprechend zu folgendem Konsens innerhalb der Goethe-Forschung: „[...] liegt der Akzent der jüngsten Forschung eher auf den negativen Aspekten: auf Entsagung ohne Lohn, ohne höheren Sinn." (Øhrgaard 1998, 50-51) Dabei hatte Goethe ausdrücklich darauf hingewiesen, den Verehrungs- und damit auch den Entsagungsbegriff nicht ex ante negativ zu interpretieren:

> Nicht das macht frei, daß wir nichts über uns anerkennen wollen, sondern eben, daß wir etwas verehren, das über uns ist; denn indem wir es verehren, heben wir uns zu ihm hinauf und legen durch unsere Anerkennung an den Tag, daß wir selber das Höhere in uns tragen und werth sind, seinesgleichen zu sein. (Gespräche, Bd. 6, S. 28)

Wie also muss der Begriff der Entsagung stattdessen richtig aufgefasst werden? Hilfreich ist die Absicht, sich dem Problem wertfrei zu nähern, wie es erreicht wird, wenn für Entsagung ein neutrales Synonym wie „etwas (in Zukunft) nicht mehr tun" gewählt worden wäre. Zwar korreliert „verzichten" ebenfalls mit einer unterlassenen Tat, ist aber konnotativ geprägt, indem der Entsagende einen Nachteil durch die Entsagung erfahren soll. Obiges Synonym ist denotativ, weil es nur den Tatbestand beschreibt (etwas nicht zu tun), wobei es die Gründe dafür unberücksichtigt lässt, das Ganze also nicht wertend betrachtet. Wenn folglich beide Erklärungsansätze als Gemeinsamkeit das „Nicht-Tun" besitzen und sie sich allein durch die Frage nach dem Grund für das „Nicht-Tun" unterscheiden, muss herausgefunden werden, ob Goethe selbst in den „Wanderjahren" ein Motiv für die Entsagung angegeben hat, wenn sie schon keine Definition erfuhr? Und in der Tat findet sich eine Passage, die Aufschluss darüber gibt, warum sich die Figuren des Romans entsagend verhalten: „[...] wir müssen den Begriff einer Weltfrömmigkeit fassen, unsre redlich menschlichen Gesinnungen in einen praktischen Bezug ins Weite setzen und nicht nur unsre Nächsten fördern, sondern zugleich die ganze Menschheit fördern." (247), schreibt der Abbé an Wilhelm als ein Ziel der zum Weltbund erweiterten Turmgesellschaft. Weltfrömmigkeit zur Förderung der Menschheit ist das oberste Ziel und nicht die Entsagung. Entsagung ist nicht Selbstzweck, sondern Mittel zum Ziel. Bahr (1998) deutet dies an, indem er folgert:

> Anhand der Figuren und Episoden des Romans läßt sich die Entsagung auf eine einfache Formel bringen: Sie beginnt zunächst immer als Verzicht und führt schließlich zu einem Ausgleich und womöglich zu einem Gewinn auf anderer Ebene. (376)

An dieser Stelle ist es einmal mehr sinnvoll, den Bogen zu Steffens „Oase der Menschlichkeit" zu schlagen, wo die Begriffe durch konkrete Beispiele einen klaren Inhalt zugewiesen bekommen: Als der Urlaub Esthers und Ernsts zu Ende geht, teilt ihnen Dr. Brugger brieflich seinen Rücktritt mit, da ihm die Lehrerschaft das Vertrauen entzogen hat (gleichzeitig erzählt er von seiner neuen Stelle als Leiter der Strafanstalt). Von seinen ehemaligen Kollegen ist er trotz allem nicht im Groll geschieden:

> Handle ich richtig? Ja, sagten Gewissen und Mitleid in mir. Außerdem: Ich habe nicht nur das Recht, meine bisherigen Mitarbeiter auf sich selbst zu stellen, sondern auch die Pflicht, damit sie ihre eigenen Intuitionen in die Taten umsetzen können, die ihnen gut erscheinen. Überdies: Ich darf nach meiner Erkenntnis handeln. (430)

Entsagung spiegelt sich in diesen Zeilen insofern wider, als Brugger darauf verzichtet mit seinen Kollegen „abzurechnen". Es ist zu betonen, dass dies nicht aus einer Resignation heraus geschieht, es ist keine Flucht vor dem Bösen. Wäre dem so, hätte sich Brugger „frühpensionieren" lassen, er jedoch wendet sich von den Menschen nicht ab. Damit lebt er eine Weltfrömmigkeit, die im Folgenden besser durch den Begriff der Nächstenliebe oder einfach nur Liebe ersetzt werden sollte, welche aus einer höheren Erkenntnis resultiert, die nur schwer in Worte zu fassen ist, wie er selbst anführt:

> Ich übersehe es jetzt – ‚übersehen' in des Wortes Doppelbedeutung, darf es übersehen, da ich davon weggerückt bin. Ja! Ich bin weitsichtig geworden. Weitsichtig im höheren Sinne, das muß ich wohl sein, auf dem Felde meines künftigen Wirkens. (431)

„Übersehen" und „Weitsichtigkeit", beide Worte werden von Steffen nicht im trivialen Sinne verwendet, sondern als semantische Metaphern eingesetzt, indem hier praktische Begriffe auf geistige übertragen werden: Brugger überschaut weite Zusammenhänge, er sieht mehr und doch befindet er sich innerhalb der Realität, er ist der Wirklichkeit nicht ent-, sondern ihr näher gerückt. Dies wird durch die weitere mögliche Differenzierung der Metapher als eine *direkte* bestätigt, welche die Aktivität Bruggers verdeutlicht, d.h. er handelt nicht unbewusst (passiv), seine Entscheidungen trifft er bei klarem Bewusstsein (aktiv). Dass Worte fehlen, um diese Verfassung genau zu beschreiben, ist nicht Ausdruck dafür, dass Steffen einen Zustand wiedergeben will, den er selbst nicht erfassen kann; die Erklärung dafür findet sich, wenn ein Neologismus herangezogen wird, den Rudolf Steiner oft gebrauchte: *Herzdenken*. Dieser Begriff drückt exakt das aus, was Bruggers Verhalten erklärt und Goethe meinte, aber nicht zu formulieren vermochte, weshalb er es mit Entsagung, Weltfrömmigkeit usw. umschrieb. Herzdenken ist keine Metapher, kein Symbol, sondern eine Wortneuprägung für die (neue) menschliche Fähigkeit, das Denken durch die Liebe zu erweitern.

Die Liebe ist der Schlüssel zum Verständnis beider Romane. Entsagung beruht auf der Einsicht, Selbsterkenntnis durch Welterkenntnis erweitern zu müssen, wenn der Mensch sich nicht völlig von der Welt abschließen und diese somit verlieren will (und damit sich selbst!). Es ist also kein Verzicht in dem Sinne, dass etwas Höheres aufgegeben wird – im Gegenteil: Wilhelm gibt die lediglich aus egoistischen Motiven angestrebte Schauspielkarriere auf und wird Arzt; Dr. Brugger unterbreitet Esther und Ernst das Angebot, ihn zu begleiten und ihr Wirken dort einzusetzen, wo es sich entfalten darf, d.h. wo sie akzeptiert werden:

> Wenn Sie Ihre Dichter- und Malerschule da oben fortsetzen wollen, so werden Sie von Herzen will-

kommen sein. Ich glaube, Sie finden unter den Insassen nicht weniger begabte und begeisterte Schüler als anderswo und gewiß viel dankbarere. Auch ‚bösere' – vielleicht. Aber im Bösen ist immer auch ein Gutes wirksam, so wie man ihm den richtigen Weg weist. Und das ist doch der Hauptimpuls des heutigen Künstlers. (429)

Abschließend wird ersichtlich, warum Goethe der vierten Ehrfurcht keine Gebärde zuordnete: Nicht nur, weil keiner der Zöglinge, die Wilhelm sieht, diese Stufe erreicht hat, sondern weil sich diese Ehrfurcht als rein geistige Qualität repräsentiert – die Liebe. *Sie* ist das zu erreichende Zukunftsziel der Menschen.

5. Zusammenfassung

Mit der Aufgabenstellung der vorliegenden Arbeit ging eine Diagnose der gegenwärtigen Zustände in den Bereichen Wissenschaft, Politik, Kultur und Religion einher, jedoch war Kritik nicht das vornehmliche Ziel dieser Schrift: „Jede Erkenntnis, die man über die Ursachen der Kulturerkrankung gewinnt, muß heilsam sein, sie soll zu einer höheren Gesundheit führen, sonst ist sie nichts wert." (Steffen 1944, 218) Es muss also abschließend eine Prüfung vorgenommen werden, inwiefern das von Goethe und Steffen in ihren Romanen Dargestellte eine Alternative ist, wobei sich als Schwierigkeit ergibt, dass derartige Konzepte von vornherein, weil sie ein ideales Bild der Zustände zeichnen, als idealistisch im Sinne von utopistisch abgetan werden. Ein weiteres gerne verwendetes Argument, sich nicht ernsthaft mit Verbesserungsvorschlägen, die in Dichtungen enthalten sind, zu beschäftigen, ist die Annahme, eine Konsolidierung könne allein aus wirtschaftlichen oder politischen Initiativen erfolgen. Die Tatsache, dass der Anfang von jedem Einzelnen gemacht werden muss, erscheint den meisten absurd; umso interessanter ist es, sie gerade in den „Wanderjahren" bestätigt zu finden:

Auf der Versammlung des Auswandererbundes/ Weltbundes erzählt Odoardo von seiner Tätigkeit als Verwalter einer Provinz und der Unmöglichkeit, Neuerungen in dem Land einzuführen. Er führt das Reformversagen nicht nur auf die Abgeschlossenheit der Provinz zurück, vielmehr auf die Nachbarländer, deren Herrscher mit anderer Gesinnung regierten und mit denen kein einvernehmliches Verhältnis möglich war. Gerade als er deswegen seinen Posten aufgeben wollte, geschah es, dass die alten Beamten in den angrenzenden Ländern durch jüngere ersetzt wurden, die sich kooperativer zeigten, so dass Odoardo seine Pläne endlich umsetzen und Reformen durchführen konnte.

Diese Erfahrung ermöglicht ihm nun, das Hindernis auszumachen, welches alle menschlichen Handlungen – so gut sie auch gemeint sein mögen – zum Negativen wendet:

> Dieses besteht nämlich darin, daß die Menschen wohl über die Zwecke einig werden, viel seltener aber über die Mittel, dahin zu gelangen. Denn das wahre Große hebt uns über uns selbst hinaus und leuchtet uns vor wie ein Stern; die Wahl der Mittel aber ruft uns in uns selbst zurück, und da wird der einzelne gerade, wie er war, und fühlt sich ebenso isoliert, als hätt' er vorher nicht ins Ganze gestimmt. (415)

Goethe wusste, dass tief greifende (soziale) Veränderungen bevorstehen. Im Roman lässt er Susanne sagen: „Das überhandnehmende Maschinenwesen quält und ängstigt mich, es wälzt sich heran wie ein Gewitter, langsam, langsam; aber es hat seine Richtung genommen, es wird kommen und treffen." (434) Die Frage lautet dabei nicht, ob es zu verhindern, sondern wie ihm zu begegnen ist; die „Schöne-Gute" gibt darauf die Antwort:

> Hier bleibt nur ein doppelter Weg, einer so traurig wie der andere: entweder selbst das Neue zu ergreifen und das Verderben zu beschleunigen, oder aufzubrechen, die Besten und Würdigsten mit sich fort zu ziehen und ein günstigeres Schicksal jenseits der Meere zu suchen. (434)

Hinter dieser Aussage verbirgt sich ein Verkennen der Möglichkeiten des Neuen, indem behauptet wird, jenes bringe *notwendig* Verderben mit sich. Nur vor dem Hintergrund dieser Fehleinschätzung kann die logische Konsequenz sein, von dem Ort, wo das Neue herrscht, zu flüchten und woanders neu anzufangen:

„In der alten Welt ist alles Schlendrian, wo man das Neue immer auf die alte, das Wachsende nach starrer Weise behandeln will." (337) Jedoch: Die Menschen, die flüchten, haben allenfalls etwas Zeit gewonnen, eines Tages werden sie sich mit dem Fortschritt konfrontiert sehen. Der einzig wahre Ausweg ist deshalb die Umwandlung der menschlichen Fähigkeiten, um dem Neuen gewachsen zu sein. Wie dies geschehen soll, hat Goethe *angedeutet*, indem er einen neuen Menschen heranbilden wollte (mit dem Ausgangspunkt in der „pädagogischen Provinz"): Ihm schwebte ein „Weltbürgertum" vor, das den Menschen aus den nationalen und persönlichen Egoismen heraus- und zum Internationalen erhebt.

Die Lösung dessen, was als „soziale Frage" fungiert, kann nicht allein von und auf dem politischen oder wirtschaftlichen Sektor gefunden werden, denn – und dies wusste Goethe im Unterschied zum Großteil der Heutigen! – sie ist eine Bewusstseinsfrage und damit im Geistesleben zu suchen. Indem das Individuum seinen eigenen Wert und auch sich selbst als (sinnvollen!) Teil einer Gesamtheit erlebt, wird der Mensch alles daran setzen, das Allgemeinwohl zu fördern, weil es letztlich auch auf ihn zurückfällt (vgl. Steiner 1991 a).[11]

Dass in dieser „Welt voller Schlendrian" ein derart tief greifender Umschwung keine Aussicht auf Erfolg hat, gilt nur solange, wie das Heil in einer von außen verordneten Maßnahme durch tradierte Befugnisträger gesucht wird. Dies überträgt die eigene zu leistende Arbeit sowie Verantwortung erneut auf andere, was

---

[11] Was hier wie Thesen des Marxismus klingt, ist deutlich von diesem zu unterscheiden: Zwar haben Marx und Engels die Schwachstellen des Kapitalismus entdeckt, aber sie vermochten diese nicht durch das Konzept des Klassenkampfes u.a. zu beseitigen. Dem historischen Materialismus liegt eben gerade das Leugnen einer Souveränität des Geistigen als Prinzip zugrunde und er kann demnach *nicht* ein Problem lösen, welches seine Ursache in dem *Bewusstsein* der Menschen hat!

den Zeit- und Entwicklungsverhältnissen zuwiderläuft: Freiheit und Pflichtgefühl müssen individuell ergriffen, sie können nicht von anderen „verliehen" oder die Arbeit/ Anstrengung zu ihrer Erlangung dem Einzelnen gar abgenommen werden!
Aus diesem Grund hebt Steffen hervor: Es ist nicht nötig, einen speziellen Ort aufzusuchen, um positiv zu wirken, es braucht keine institutionelle Vereinigung, keine Partei, kein Programm, keine Mitgliedskarte; es ist möglich, an jedem Ort, in jedem Beruf, in jeder Stellung geistgemäß zu handeln und die Welt zu durchdringen. Gerade dort, wo die gegenwärtige Wissenschaft nur ein Nichts sieht, legt Steffen den Keim für eine Wandlung der Verhältnisse ins Positive: In den freien Entschluss des menschlichen Ichs.

> Ohne einen Begriff von Individualität, welche durch die wiederholten Erdenleben geht, zu erlangen, fehlt der heutigen Zivilisation das Fundament. Sie bleibt Fassade und fällt zusammen. Beweis: Die Epoche der Weltkriege, die eingesetzt hat und nicht eher aufhören wird, als bis die abendländische Kultur völlig ruiniert ist, wenn man nicht den Grundstein eines neuen Gemeinschaftslebens legt, zu dem die Idee von Reinkarnation und Karma unerläßlich ist. (Steffen 1944, 232-233)

Wer glaubt, dass sich sechzig Jahre nach Ende des Zweiten Weltkrieges die Situation gebessert hat und Steffens Aussage damit falsifiziert wurde, sollte sich nicht blenden lassen; die tatsächlichen Verhältnisse sind katastrophaler, als es offensichtlich aussieht: Es existiert ein globaler *Wirklichkeitsverlust*, hervorgerufen durch den Unwillen, über das *eigene* Verhältnis zur Welt Aufschluss zu erlangen (erkenntnistheoretischer Aspekt). Dies führt zu einer immer weiter um sich greifenden Pervertierung und Degenerierung, die durch die gegenwärtige Wissenschaft nicht aufzuhalten ist, weil sie die Zustände erst hervorgebracht hat: Wenn der Mensch nur ein höher entwickeltes Tier ist, darf sich niemand wundern, wenn er sich auch wie eines verhält.

Der „Kampf ums Dasein" rechtfertigt brutale Überfälle und Gewaltaktionen, das „Recht des Stärkeren" degradiert Moral und Ethik zur Nichtigkeit. Nur mit Gegengewalt in Form von Polizei und Justiz kann dieser Macht noch begegnet werden, aber nicht so, dass sie aufgelöst wird, es ist nur noch ein Wegschließen oder (bei kürzeren Haftstrafen) ein Aufschieben der nächsten Tat möglich. Die Barbarisierung umfasst dabei alle Gesellschaftsbereiche: Es wird sich hemmungslos materiell und (gruppen)egoistisch ausgelebt; dies ist konsequentes Fortsetzen des „wissenschaftlich" fundierten Weltbildes. In einer Welt, die aus dem Chaos entstanden ist, haben Begriffe wie Gott, Freiheit, Moral und Ethik keine Bedeutung mehr. Der Mensch, die Individualität, spielt in diesem System keine Rolle mehr; er ist zur Ohnmacht verdammt, was als *Selbstverlust* zum Ausdruck kommt. Die letzte Konsequenz davon ist der Zusammenbruch der Zivilisation (Gemeinschaftsverlust): „Denn in einer nur mechanischen Welt ist das Wesenhaft-Menschliche ohne Sinn, sind Wahrheit, Schönheit, Güte, Freiheit und Moral nur Illusionen." (Witzenmann 1984, 17)

Therapeutische Dichtung soll Krankheit als einen Schritt auf dem Weg der Gesundwerdung begreifen lehren, bei dem der Therapeut dem Patienten hilft die Erkrankung in ihrer Gesamtbedeutung, d.h. über die bloße Einzelerscheinung des geschädigten Organs oder Systems hinaus zu begreifen. Dabei ist der Therapeut nicht der „Halbgott in Weiß" und der Patient das Opfer seiner eigenen gesundheitlichen Missstände, sondern die Tatsache, sich durch das Denken zur Idee des Menschseins erheben zu können, führt zu Impulsen, die im Ichwesen selbst begründet sind und nicht von einer anderen Autorität stammen; dies wiederum führt zu einem veränderten Umgang des sozialen Miteinanders.

Nur so ist eine neue Therapeuten-Patienten-Beziehung zu verwirklichen, indem erkannt wird, dass alle Menschen aus *einer* Ideenwelt schöpfen und von *einem* Geist abstammen:

> Der Unterschied zwischen mir und meinem Mitmenschen liegt durchaus nicht darin, daß wir in zwei ganz verschiedenen Geisteswelten leben, sondern daß er aus der uns gemeinsamen Ideenwelt andere Intuitionen empfängt als ich. Er will *seine* Intuitionen ausleben, ich die *meinigen*. Wenn wir beide wirklich aus der Idee schöpfen und keinen äußeren (physischen oder geistigen) Antrieben folgen, so können wir uns nur in dem gleichen Streben, in den selben Intentionen begegnen. Ein sittliches Mißverstehen, ein Aufeinanderprallen ist bei sittlich freien Menschen ausgeschlossen.
>
> *Leben* in der Liebe zum Handeln und *Lebenlassen* im Verständnisse des fremden Wollens ist die Grundmaxime der *freien Menschen*. (Steiner, 1987 a, 166)

6. Ausblick: Therapeutische Dichtung

6.1 Theorie und Praxis

Man hat heute den Eindruck, dass die Menschen ihr Handeln immer noch hauptsächlich an egoistischen und materialistischen Motiven ausrichten. Als Konsequenz dieser Leugnung des Geistigen breitet sich in den Menschen eine ungeheure Öde und Leere aus, verbunden mit einer Sinnlosigkeit in bisher unbekanntem Ausmaß. Obwohl ein wachsender materieller Wohlstand nachzuweisen ist, steigt die Unzufriedenheit gerade in den Wirtschaftsländern an und äußert sich in den verschiedenen Symptomen: Burn-Out-Syndrome bei noch jungen Menschen, Zunahme von psychischen Erkrankungen, blinde Zerstörungswut und Alkoholismus (Drogenabhängigkeit), ein Dahinvegetieren (Demenz) bei den Senioren – kurz gesagt: Die Menschheit befindet sich in einer dekadenten Phase.

Diese Feststellung ist nicht neu. Seit Oswald Spenglers umfassender Kritik „Untergang des Abendlandes" (1918-1922) werden diese Mahnungen alle Jahre wieder durch andere Fakten bestätigt, von anderen Institutionen und ihren jeweiligen Vertretern (z.B. Club of Rome) wiederholt. Auf die Tatsache, dass Kritik allein nicht reicht, wies Steffen bereits 1944 hin: „Es wäre leicht, eine Kritik der gegenwärtigen Kultur zu geben, insofern diese durch Verkehrtheiten degeneriert und pervertiert ist. Aber damit sind solche Übel keineswegs überwunden. Man muß das Problem viel tiefer fassen." (217) Um wie viel tiefer es zu fassen ist, hat Steffen gezeigt: „Echte Dichtung muß das Menschenherz, das im Elend unserer Zeit zerbricht, heilen können." (zit. n. Meyer 1963, 162) Diese Forderung geht analog mit der Erkenntnis einer: „Der Dichter, der nur den Niedergang schildert, hat dazu ebenso wenig Berechtigung wie ein Arzt, der zwar eine Diagnose stellt, aber keine Therapie gibt." (ebenda, 167)

Sein ganzes Leben lang arbeitete Steffen an der „Therapeutische Dichtung" und schuf mit eines der größten Gesamtwerke eines deutschsprachigen Schriftstellers.[12] Der Zusatz „therapeutisch" beruht darauf, dass dem Leser Moral nicht ex cathedra präsentiert, sondern ihm der Weg gewiesen wird, selbst Erkenntnisse zu erlangen, die ihm ermöglichen, von sich aus das Richtige zu wollen: „Erkenntnis der Menschen untereinander führt – durch den Prozeß des Erkennens selbst – zum Verstehen, nicht zum Verurteilen." (Steffen 1944, 166)

Indem der Mensch Seele und Geist kräftigt, in einen Einklang bringt aus einer bewussten Entscheidung heraus, wird auch sein Körperliches gestärkt. Dies sind die drei Bereiche, in denen die Therapeutische Wirkung ihren Wirkungsbereich entfaltet.

Anknüpfend an das in der Einleitung Geschriebene, sei nochmals auf prinzipiell zwei Arbeitsweisen hingewiesen, wie die konkrete Umsetzung in der Praxis erfolgen kann: Erstens bekommt der Patient die „Hausaufgabe" selbstständig Werke der Therapeutischen Dichtung zu lesen (hier ist nicht nur an Albert Steffens Bücher zu denken, ebenso zählen Goethe, Paul Bühler, Herbert Witzenmann u.a. Autoren dazu); er kann mit dem Thera-

---

[12] Nur wenigen ist es bekannt, dass Steffen zu Beginn des 20. Jahrhunderts zu den erfolgreichsten und vielversprechendsten jungen Dichtern gehörte und in einem Atemzug mit Hesse und Rilke genannt wurde. Sein Entschluss ist also keine Reaktion wegen etwaiger Erfolglosigkeit, sondern bewusst geübter Verzicht auf Ruhm und Gewinn der Wahrheit zuliebe. Entsprechend speiste die „«offizielle» Literaturkritik [...] den einst Gefeierten gleichsam von einem Tag zum anderen nur noch mit mitleidigem [...] Achselzucken ab." (Fringeli 1974, 59)

peuten über Aspekte, die ihm wichtig oder erörternswert erscheinen, reden (muss es aber nicht tun). Zweitens kann innerhalb der Sitzung von Seiten des Therapeuten ein kurzer Text gewählt und vorgelesen werden, wobei der Patient folgende Fragen berücksichtigen soll: An welcher Stelle missfällt ihm der Text? Wo taucht Widerstand auf? Wo würde er etwas anders machen?

Keinesfalls geht es um eine Bewertung der Einwände bzw. Reaktion des Patienten, sondern um das Auffinden eines Ansatzpunktes zum weiterführenden Gespräch. Der Dialog ist schon eines der Hauptziele der Therapie, nicht die (externe) Belehrung!

Ebenfalls möglich ist es, wenn der Patient von sich aus eine Schwierigkeit schildert oder einen Gedanken, der ihn beschäftigt, und wenn dann der Therapeut aus seinem reichhaltigen Repertoire an Therapeutischer Dichtung einen kurzen Text findet, der in verdichteter Form Problem *und* Lösung enthält: Solche „Abbreviaturen", wie Steffen sie nannte, finden sich in vielen seiner Bücher, teilweise auch in die Handlung eines Romans eingeschoben. Hier muss der Therapeut selbst Erfahrung sammeln und Anschluss an die Quelle herstellen, aus der er dann im unmittelbaren Umgang mit den Patienten intuitiv schöpfen kann.

Zum Abschluss sei noch ein kurzer biographischer Abriss des Freundes und Zeitgenossen von Albert Steffen – Paul Bühler – angeführt, um zu zeigen, wie andere Menschen Zugang zur Therapeutischen Dichtung gefunden und diese umgesetzt haben.

6.2 Paul Bühler und die Therapeutische Dichtung

Wer war Paul Bühler? In seinem Geburtsort Bietigheim verlebte er seine Kindheit und Jugend, die durch eine große Verbundenheit mit Land, Natur und Menschen geprägt war. In lebendigen Worten beschreibt er diese Zeit in seiner Autobiographie „Erinnerungen": z.B. der frühen Tod seiner Schwester, das Spiel in der Kelter, der Umgang mit den Lehrern in der Schule. Der Leser kann es nacherleben und die schweren Seelenprüfungen mitverfolgen. Immer stellt sich die Frage: Wie kann ein Mensch dies ertragen? Was lässt ihn nicht schwanken, sondern sich noch tiefer mit seinem Schicksal verbinden? Rückblickend beantwortet Paul Bühler dies so:

> Ich sehe heute genau, wie in meinem Leben zwei Impulse massgebend sind: der Impuls, immer tiefer ins Leben einzudringen und immer neu den Christus zu finden, und der andere Impuls, einzutreten für die selbständige Wesenheit des Menschengeistes. (1981, S. 8-9)

Mit klaren Worten beschreibt Bühler die Schritte, die ihn kontinuierlich in die Richtung tragen, die zum Höhepunkt seines Lebens führt: der Begegnung mit Rudolf Steiner. Steiner hatte die Existenz des Geistigen als ein dem Menschen möglich Erkennbares und dem Materiellen zugrunde liegendes Prinzip Ende des 19. Jahrhundert in seiner „Philosophie der Freiheit" nach naturwissenschaftlicher Methode bewiesen; Paul Bühler hörte 1923 davon zum ersten Mal, prüfte den dargebotenen Weg kritisch und ging ihn dann konsequent. Als Folge dieses Entschlusses steht der Abbruch seines Philosophie- und Theologiestudiums im Tübinger Stift. Ein überliefertes Gespräch mit einem befreundeten Professor verdeutlicht die innerlich vollzogene Entscheidung:

> «Ich wollte ihm sagen, daß manches von dem, was er als Kulturgeschichtliches lehre, durch die Anthroposophie einen ganz neuen Zusammenhang gewinne.
> Auch er hatte schon von meiner Verirrung [i.e. Hinwendung zur Anthroposophie! Anm. d. Verf.] gehört. Er empfing mich mit bösem Gesicht [...]:
> „Weißt du, daß die Anthroposophie eine Illusion ist?"
> „O nein!" rief ich.
> Er versteinerte. [...] Ein langer pathetischer Blick der Enttäuschung über mich folgte.» (1967, S. 117)

Noch im selben Jahr geht Paul Bühler nach Dornach, wo er Albert Steffens Assistent in der Redaktion der Wochenschrift „Das Goetheanum" wird. Er lernt seine spätere Frau Margarethe kennen und die Begegnung und Heirat mit ihr eröffnen ihm das Ich-Erleben im Du:

> Ich weiß, daß keiner die Liebe zum Leben vom anderen borgen kann. Jeder muß sie in sich neu finden. Und doch kann das Schicksal einem das Finden erleichtern. [...]
> Nun bin ich nicht mehr allein. (ebenda, S. 222)

In einer Tagebuchnotiz findet sich die Eintragung:

> Man ist als Kranker durch den Schmerz gezwungen, sich seines Körpers anzunehmen, ob man will oder nicht.
> Beim Genesen schämt man sich dieser Ichbezogenheit, und es ist wie eine Erlösung, dass man durch die Gesundung von sich loskommt und wieder in das

Leben anderer eintauchen darf und an dem Geschick anderer teilnehmen.

Und noch tiefer hineingeblickt in das Wesen des Menschen hat Paul Bühler, wenn er symptomatisch die Verhältnisse der Gegenwart durchleuchtet: Man findet z.B. einen Unglücklichen, der sich nach guten alten Zeiten zurücksehnt und dem der rechte Antrieb fehlt etwas Neues zu beginnen. Bei genauerer Beschäftigung stellt sich heraus: Die Vergangenheit wurde mit einem Schleier überzogen, der sie besser und harmonischer erscheinen lässt, als sie tatsächlich war. Und doch will sich der Mensch diesen Selbstbetrug nicht eingestehen, sei es aus Bequemlichkeit, Angst oder Desinteresse; anstatt die Ursache für die Stimmung in sich selbst zu suchen, wird sie auf die Außenwelt verlagert, die frustrierend, unfair und schlecht ist.

Als Ratschlag[13] hat Paul Bühler auf die Stimmung der Dankbarkeit hingewiesen, die einem derart betroffenen Menschen auszubilden empfohlen wird:

> Gegenüber der Vergangenheit ist das rechte Verhalten: Dankbarkeit.
>
> Dankbarkeit für das, wodurch man geworden ist, was man ist. Aber um das zu können, muss man erst seine Gegenwart lieben.
> Sonst hängt dem Erinnern das Quälende an, das Nicht-mehr-haben-können eines schöneren Vergangenen.

---

[13] Tagebuchnotiz

Das soziale Problem kann nicht gelöst werden, ohne zwei Seiten zu berücksichtigen: den Gebenden und den Nehmenden.

Man beachtet zu wenig, dass vom Nehmenden, von der Art des Nehmens, ebensoviel abhängt wie von dem Gebenden, von der Art des Gebens.

Vor diesem Hintergrund konnte er sagen:

Man kann erst wahrhaft lieben, wenn man sich Selbständigkeit erworben hat, erst selbstlos geben, wenn man ein reiches Selbst errungen hat.

Diese Liebe, die sich Paul Bühler durch ein bewusstes und damit für ihn auch leidvolles Leben errungen hat, befähigte ihn, Dichtungen zu schaffen für Menschen, denen wegen ihrer individuellen Situation allgemeine Ratschläge nichts nützen, die aber doch Hilfe brauchen.

Die Menschen mit seiner Dichtung zur Selbständigkeit zu führen, war das Anliegen Paul Bühlers und Albert Steffens – den Pionieren der Therapeutischen Dichtung.

7. Literaturverzeichnis

Goethe

Quellen:

BA = Goethe: Werke. Berliner Ausgabe in 22 Bd. Hrsg. von Siegfried Seidel. Berlin 1960 ff.

Briefe, Tagebücher, Gespräche. In: Bertram, Mathias (Hrsg.): Digitale Bibliothek. Berlin 1998 [CD-Rom]

GESPRÄCHE = Goethes Gespräche. Hrsg. von Woldemar Freiherr von Biedermann, Band 1-10, Leipzig 1889-1896

GA = Gedenkausgabe der Werke, Briefe u. Gespräche. Hg. von Ernst Beutler. 24 Bde. Zürich
  1948-1960

HA = Goethe: Werke. Hamburger Ausgabe in 14 Bd. Hrsg. von Erich Trunz. Hamburg
  1948-1960

Naturwissenschaftliche Schriften, 5 Bände, *Herausgegeben von Rudolf Steiner*. 4. Auflage Dornach 1982 (= Fotomechanischer Nachdruck der Erstauflage in „Deutsche National-Litteratur", historisch-kritische Ausgabe, herausgegeben von Joseph Kürschner, 1883-1897)

Werke. In: Bertram, Mathias: Digitale Bibliothek. Berlin 1999 [CD-Rom]

Wilhelm Meisters Wanderjahre oder Die Entsagenden. Frankfurt am Main 1982

WA = Goethes Werke. Hrsg. im Auftrag der Großherzogin Sophie von Sachsen. IV
    Abteilungen, 143 Bd. Weimar 1887-1919

Forschung:

BAHR, Ehrhard: Die Ironie im Spätwerk Goethes, „ ... *diese sehr ersten Scherze ...* " (Studien zum „West-östlichen Divan", zu den „Wanderjahren" und zu „Faust II". Berlin 1972
DERS.: Wilhelm Meisters Wanderjahre oder die Entsagenden. In: Witte, Bernd et al. (Hrsg.): Goethe-Handbuch, Prosaschriften (Band 3). Stuttgart, Weimar 1997
DERS.: Wilhelm Meisters Wanderjahre oder die Entsagenden. In: Lützeler, Paul Michael/ McLeod, James E. (Hrsg.): Goethes Erzählwerk, Interpretationen. Stuttgart 1998
BECK, Walter: Karl Julius Schröer, *Eine Biographie mit neuen Dokumenten – Schröers Goethe-Schau.* Dornach 1993
BECKER, Hans Joachim: Über die Metamorphose der Pflanzen – Morphologische Schriften. In: Witte, Bernd et al. (Hrsg.): Goethe-Handbuch, Prosaschriften (Band 3). Stuttgart, Weimar 1997
BENN, Gottfried: Goethe und die Naturwissenschaften. In: Mayer, Hans (Hrsg.): Goethe im zwanzigsten Jahrhundert, *Spiegelungen und Deutungen.* Frankfurt a. M. 1987
BOERNER, Peter: Johann Wolfgang Goethe. Reinbek bei Hamburg [1999]
BOIS-REYMOND, Emil du: Goethe und kein Ende. Leipzig 1883
BORRIES, Erika/ Ernst von: Deutsche Literaturgeschichte, *Die Weimarer Klassik – Goethes Spätwerk (Band 3).* 3. Auflage München 1997
CONRADY, Karl Ott: Goethe, *Leben und Werk.* Frankfurt am Main 1987

DEGERING, Thomas: Das Elend der Entsagung: Goethes „Wilhelm Meisters Wanderjahre". Bonn 1982
DEITERS, Heinrich: Goethes Gedanken über Jugenderziehung in „Wilhelm Meisters Wanderjahren". In: Wachsmuth, Andreas B.: Goethe, Neue Folge des Jahrbuchs der Goethe-Gesellschaft (22). 1960
DOVE, Heinrich Wilhelm: Darstellung der Farbenlehre. Berlin 1853
FLITNER, Wilhelm: Goethe im Spätwerk, *Glaube/ Weltsicht/ Ethos*. Paderborn 1983
GIDION, Heidi: Zur Darstellungsweise von Goethes „Wilhelm Meisters Wanderjahre". Göttingen 1969
GILG, André: «Wilhelm Meisters Wanderjahre» und ihre Symbole. Diss. phil. Horgen-Zürich 1954
GRÄVELL, F.: Goethe im Recht gegen Newton. Herausgegeben und eingeleitet von Guenther Wachsmuth. Stuttgart 1922
HEISENBERG, Werner: Die Goethesche und Newtonsche Farbenlehre im Lichte der modernen Physik. In: Mayer, Hans (Hrsg.): Goethe im zwanzigsten Jahrhundert, *Spiegelungen und Deutungen*. Frankfurt a. M. 1987
HENKEL, Arthur: Entsagung, *Eine Studie zu Goethes Altersroman*. 2. Auflage Tübingen 1964
HOFMANN, Peter: Goethes Theologie der Natur. In: Keller, Werner (Hrsg.): Goethe-Jahrbuch (Band 116, 1999). Weimar 2000
KARNICK, Manfred: „Wilhelm Meisters Wanderjahre" oder die Kunst des Mittelbaren, *Studien zum Problem der Verständigung in Goethes Altersepoche*. München 1968
KELLER, Werner: Rede des Präsidenten der Goethe-Gesellschaft zur Eröffnung der 75. Hauptversammlung. In: Keller, Werner (Hrsg.): Goethe-Jahrbuch (Band 114, 1997). Weimar 1998
KINDERMANN, Heinz: Das Goethebild des 20. Jahrhunderts. 2. verb. u. erg. Auflage Darmstadt 1966
KLINGENBERG, Anneliese: Goethes Roman „Wilhelm Meisters Wanderjahre". Berlin, Weimar 1972

KLÜNKER, Wolf-Ulrich: Goethes Idee der Erziehung zur Ehrfurcht, *Die Pädagogische Provinz in dem Roman „Wilhelm Meisters Wanderjahre oder die Entsagenden"*. Diss. rer. soc. Göttingen 1987 (Mschr.)
KOCH, Franz: Goethes Gedankenform. Berlin 1967
MAIERHOFER, Waltraud: »Wilhelm Meisters Wanderjahre« und der Roman des Nebeneinander. Bielefeld 1990
MEYER, Rudolf: Goethe, *Der Heide und der Christ*. 3. Auflage Stuttgart 1999
NEUBAUER, John: Schriften zur Naturwissenschaft, *Zur Morphologie*. In: Witte, Bernd et al. (Hrsg.): Goethe-Handbuch, Prosaschriften (Band 3). Stuttgart, Weimar 1997
NEUHAUS, Volker: Die Archivfunktion in *Wilhelm Meisters Wanderjahre*. In: Euphorion 62 (1968), 13-27
ØHRGAARD, Per: Analogische Feldforschung – Überlegung zu „Wilhelm Meisters Wanderjahren". In: Keller, Werner (Hrsg.): Goethe-Jahrbuch (Band 114, 1997). Weimar 1998
PESCHKEN, Bernd: Entsagung in Wilhelm Meisters Wanderjahren. Bonn 1968
SCHÄDEL, Christian Hartmut: Metamorphose und Erscheinungsformen des Menschseins in „Wilhelm Meisters Wanderjahren", *Zur geistigen und künstlerischen Einheit des Goetheschen Romans*. Marburg 1969
SCHLAFFER, Hannelore: Wilhelm Meister, *Das Ende der Kunst und die Wiederkehr des Mythos*. Stuttgart 1980
SCHÖNE, Albrecht: Goethes Farbentheologie. München 1987
SCHRÖER, Karl Julius: Goethe und die Liebe. Heilbronn 1883
SCHÜTZE, Alfred: Von der dreifachen Ehrfurcht, *Goethes Gedanken zur Erziehung*. Stuttgart o. J.
STEINER, Rudolf: Einleitungen zu Goethes Naturwissenschaftliche Schriften, *Zugleich eine Grundlegung der Geisteswissenschaft (Anthroposophie)*. 4. Auflage Dornach 1987
DERS.: Goethes Weltanschauung. 3. Auflage Dornach, 1999 (a)

DERS.: Grundlinien einer Erkenntnistheorie der Goetheschen Weltanschauung (mit besonderer Rücksicht auf Schiller), *zugleich eine Zugabe zu «Goethes Naturwissenschaftliche Schriften» in Kürschners «Deutsche National-Litteratur»*. 5. Auflage 1999 (b)

UBEROI, Jit-Singh: Der andere Geist Europas, *Goethe und die Zukunft der Wissenschaft*. Dornach 1999

VAGET, Hans Rudolf: Johann Wolfgang Goethe: Wilhelm Meisters Wanderjahre (1829). In: Lützeler, Paul Michael (Hrsg.): Romane und Erzählungen zwischen Romantik und Realismus, *Neue Interpretationen*. Stuttgart 1983

WAGENKNECHT, Christian: Goethes »Ehrfurchten« und die Symbolik der Loge. In: Zeitschrift für deutsche Philologie 84 (1965)

WITTE, Bernd et al. (Hrsg.).: Goethe-Handbuch, *Prosaschriften (Band 3)*. Stuttgart, Weimar 1997

Steffen

Quellen:

Die Krisis im Leben des Künstlers, Bern 1922
Der Künstler zwischen Westen und Osten. Zürich 1925
Buch der Rückschau, Dornach 1939
Selbsterkenntnis und Lebensschau. Dornach 1940
Geistige Heimat. Dornach 1941 (a)
Wach auf, du Todesschläfer Dornach 1941 (b)
Auf Geisteswegen. Dornach 1942
Krisis, Katharsis, Therapie im Geistesleben der Gegenwart. Dornach 1944
Vorhut des Geistes. Dornach 1945
Wiedergeburt der Schönen Wissenschaften. Dornach 1946

Aus der Mappe eines Geistsuchers. Dornach 1951
Begegnungen mit Rudolf Steiner. Dornach 1955
Goethes Geistgestalt. 2. Auflage Dornach 1960
Der Künstler und die Erfüllung der Mysterien. 2. Auflage Dornach 1964
Die Füllfeder. In: Behrmann, Friedrich & Brons-Michaelis, Hans (Hrsg.): Therapeutische Dichtung, *Hinweise und Studien zum Lebenswerk von Albert Steffen* (Heft 3). Dornach 1973
Oase der Menschlichkeit. 2. Auflage Dornach 1976
Brennende Probleme, *Völkerrechte/ Menschenrechte – Oasen der Menschlichkeit – Atomforscher*. 4. Auflage Dornach 1979
Merkbuch. 2. Auflage Dornach 1982
Die Anthroposophische Pädagogik. Dornach 1983
Begegnung und Rückschau. Herausgegeben von Hans-Jürgen Heitmann und Jonathan Stauffer. Dornach 1984
Dichterziele. In: Matile, Heinz (Hrsg.): Hinweise und Studien zum Lebenswerk von Albert Steffen (Heft 1). Dornach 1986

Forschung:

ALBERT-Steffen-Stiftung (Hrsg.): Albert Steffen 1884-1963. Dornach 1984
ARBEITSKREIS zur geistgemäßen Durchdringung der Weltlage (Hrsg.).: Albert Steffen (1884-1963), *Sein sozialtherapeutisches Wirken und Werk*. Dornach 1984
BRONS-Michaelis, Hans: Albert Steffen, *Ein Almanach als Hinweis auf 40 Jahre Dichter-Schaffen*. Dornach 1947
DERS., Hans: Die Werke des Dichters Albert Steffen. Dornach 1968
FRINGELI, Dieter: Dichter im Abseits. Zürich 1974
HAID, Christiane & SAM, Martina Maria: Jahrbuch für Schöne Wissenschaften, *(Bd. 1)*. Dornach 2002

HIEBEL, Friedrich: Albert Steffen. Bern 1960
DERS.: Biographik und Essayistik, *Zur Geschichte der Schönen Wissenschaften*. Bern 1970
DERS.: Neue Wege der Dichtung, *Zum achtzigsten Geburtstag von Albert Steffen*. Dornach 1964
DERS.: Von Goethes Pädagogischer Provinz zu Albert Steffens „Oase der Menschlichkeit". In: Goetheanum. Wochenschrift für Anthroposophie. 48 (1954), 379-381
KEMPTER, Friedrich (Hrsg.): Albert Steffen, *Das dichterische Werk in seiner Entfaltung*. Dornach 1964
MATILE, Heinz (Hrsg.): Hinweise und Studien zum Lebenswerk von Albert Steffen (Heft 1). Dornach 1986
MEYER, Rudolf: Albert Steffen, *Künstler und Christ*. Stuttgart 1963
NAGY, Maria von / NAGY, N. Christoph de: Über den Tod von Albert Steffen, Béla Bartók, H.D. Bern 1978
PETERSEN, Adelheid: Albert Steffens Sendung. Dornach 1954
POPPELBAUM, Hermann: Albert Steffen, *Dichter und Erkennender*. In: Goetheanum, Wochenschrift für Anthroposophie. 48 (1954), 396
SCHMIDT, Helga: Albert Steffen und sein Werk, *Beiträge zu einer Monographie*. Diss. phil. Wien 1950 (Mschr.)
STRICH, Fritz: Albert Steffen, *Rede zur Feier seines 70. Geburtstages*. St. Gallen 1955
SYBEL-Petersen, Adelheid von: Albert Steffen, *Wesen und Werk*. Basel 1934
WITZENMANN, Herbert: Die Entwickelung der Imagination, *Im Gedenken der hundertsten Wiederkehr des Geburtstages Albert Steffens*. 2. Auflage Dornach 1984
- DERS.: Die Voraussetzungslosigkeit der Anthroposophie, *Eine Einführung in die Geisteswissenschaft Rudolf Steiners*. 2. Auflage Stuttgart 1986

Sonstige

Quellen:

BOCK, Emil: Wiederholte Erdenleben, *Die Wiederverkörperungsidee der deutschen Geistesgeschichte*. 7. Auflage Stuttgart 1996

BOIS-REYMOND, Emil du: Über die Grenzen des Naturerkennens, *Die sieben Welträtsel*. Berlin 1967 (unveränderter photomechanischer Nachdruck der 7. Auflage 1916)

BÜHLER, Paul: Erinnerungen, *Mein Weg zur Anthroposophie*. Dornach 1967

DERS.: Schicksalsbejahung, Dornach 1981

BÜNTING, Karl-Dieter: Deutsches Wörterbuch. Chur/Schweiz 1996

DIE BIBEL. Übersetzt durch Martin Luther. Berlin 1954

DISSELBECK, Klaus: Geschmack und Kunst, Eine systemtheoretische Untersuchung zu Schillers Briefen „Über die ästhetische Erziehung des Menschen". Opladen 1987

GROSSE, Rudolf: Erlebte Pädagogik, *Schicksal und Geistesweg*. 4. Auflage Dornach 1998

HIRSCHBERGER, Johannes: Geschichte der Philosophie, *Neuzeit und Gegenwart* (Bd. 2). 11. Auflage Frankfurt am Main 1980

KANT, Immanuel: Werke in zwölf Bänden. Hrsg. von Wilhelm Weischedel. Frankfurt am Main 1977.

MANDELKOW, Karl Robert (Hrsg.): Briefe an Goethe, Band I. Hamburg 1965

SCHELLING: Sämtliche Werke, *Band 1*. Hrsg. von K.F.A. Schelling. 2. Auflage Stuttgart: 1856-1861

SCHILLER, Friedrich von: Sämtliche Werke, Auf Grund der Originaldrucke herausgegeben von Gerhard Fricke und Herbert G. Göpfert in Verbindung mit Herbert Stubenrauch. 3. Auflage München 1962.

SCHILLER, Friedrich von: Sämtliche Werke. Herausgegeben von Berthold Breitschwerdt. o. O. 1999
STEINER, Rudolf: Wahrheit und Wissenschaft, *Vorspiel einer „Philosophie der Freiheit".* 5. Auflage Dornach 1980
DERS.: Erziehungskunst, *Seminarbesprechungen und Lehrplanvorträge.* 4. Auflage Dornach 1984 (a)
DERS.: Philosophie und Anthroposophie, *Gesammelte Aufsätze 1904-1923.* 2. Auflage Dornach 1984 (b)
DERS.: Vom Menschenrätsel. Dornach 1984 (c)
DERS.: Die Rätsel der Philosophie, *in ihrer Geschichte als Umriß dargestellt.* 9. Auflage Dornach 1985
DERS.: Die Philosophie der Freiheit, *Grundzüge einer modernen Weltanschauung.* 15. Auflage Dornach 1987 (a)
DERS.: Luzifer-Gnosis, *Grundlegende Aufsätze zur Anthroposophie und Berichte aus „Luzifer" und „Luzifer-Gnosis" 1903-1908,* 2. Auflage Dornach 1987 (b)
DERS.: Das Christentum als mystische Tatsache. 4. Auflage Dornach 1989 (a)
DERS.: Gesammelte Aufsätze zur Kultur- und Zeitgeschichte 1887-1901. 3. Auflage Dornach 1989 (b)
DERS.: Erziehungskunst, *Methodisch-Didaktisches.* 6. Auflage Dornach 1990 (a)
DERS.: Mein Lebensgang. 4. Auflage Dornach 1990 (b)
DERS.: Die Kernpunkte der sozialen Frage (in den Lebensnotwendigkeiten der Gegenwart und Zukunft). 4. Auflage Dornach 1991 (a)
DERS.: Kunst und Kunsterkenntnis, *Grundlagen einer neuen Ästhetik.* 3. Auflage Dornach 1991 (b)
DERS.: Allgemeine Menschenkunde als Grundlage der Pädagogik. 9. Auflage Dornach 1992
DERS.: Von Seelenrätseln. 2. Auflage Dornach 1993
TOLSTOI, Leo N.: Die Romane, *Krieg und Frieden* (Band 6). Frankfurt am Main 1984

Forschung:

BÜHLER, Paul: Entscheidungszeit. Dornach 1946
DITROCCHIO, Federico: Der große Schwindel, *Betrug und Fälschung in der Wissenschaft*. Frankfurt am Main u.a. 1994
GRABERT, W.: Geschichte der deutschen Literatur, 3. Auflage München 1957
HEYER, Karl: Wie man gegen Rudolf Steiner kämpft. In: Der Europäer (Symptomatisches aus Politik, Kultur und Wirtschaft – Monatsschrift auf Grundlage der Geisteswissenschaft Rudolf Steiners), 1998 (8), S. 19
DERS.: Wesen und Wollen des Nationalsozialismus. 3. Auflage Basel 1991
JANZ, Curt Paul: Friedrich Nietzsche, *Biographie (Band 2)*. München 1993
KÖPFKE, Wilfried: Im Visier der römischen Glaubenswächter – Inquisition heute. 0.20-0.50, Arte 17.01.2002 [Film-Dokumentation]
KÜHN, Hans: Dreigliederungszeit, *Rudolf Steiners Kampf für die Gesellschaftsordnung der Zukunft*. Dornach 1978
LINDENBERG, Christoph: Rudolf Steiner. 4. Auflage Reinbek bei Hamburg 1996
MOHR, Reinhard (et al.): Der Glaube der Ungläubigen (Welche Werte hat der Westen?), *Die unverschleierte Würde des Westens*. In: DER SPIEGEL 52 (2002)
NÜRNBERGER, Helmuth: Geschichte der deutschen Literatur, 24. Auflage München 1995
RÖTTGER, Jörg: Beruf: Inquisitor. 22.35-23.35, Arte 17.01.2002 [Film-Dokumentation]
SCHÖFFLER, Heinz Herbert: Guenther Wachsmuth. Dornach 1995
WERBECK, Louis M. J.: Eine Gegnerschaft als Kultur-Verfallserscheinung, *1. Band: Die christlichen Gegner Rudolf Steiners*

und der Anthroposophie durch sie selbst widerlegt. Stuttgart 1924

WERBECK, Louis M. J.: Eine Gegnerschaft als Kultur-Verfallserscheinung, *2. Band: Die wissenschaftlichen Gegner Rudolf Steiners und der Anthroposophie durch sie selbst widerlegt.* Stuttgart 1924

WITZENMANN, Herbert: Intuition und Beobachtung (1. Teil), *Das Erfassen des Geistes im Erleben des Denkens.* 2. Auflage Stuttgart 1992